KB264061

C. S. Lewis

C. S. 루이스의 인생 지혜

C. S. 루이스의 인생 지혜

지은이 | C. S. 루이스
옮긴이 | 윤종석
초판 발행 | 2025. 12. 22.
등록번호 | 제1988-000080호
등록된 곳 | 서울특별시 용산구 서빙고로65길 38
발행처 | 사단법인 두란노서원
영업부 | 02)2078-3333 FAX | 080-749-3705
출판부 | 02)2078-3330

책값은 뒤표지에 있습니다.
ISBN 978-89-531-5223-6 03230

독자의 의견을 기다립니다.
tpress@duranno.com   www.duranno.com

두란노서원은 바울 사도가 3차 전도 여행 때 에베소에서 성령 받은 제자들을 따로 세워 하나님의 말씀으로 양육
하던 장소입니다. 사도행전 19장 8-20절의 정신에 따라 첫째 목회자를 돕는 사역과 평신도를 훈련시키는 사역,
둘째 세계선교™와 문서선교단행본·잡지 사역, 셋째 예수문화 및 경배와 찬양 사역, 그리고 가정·상담 사역 등을 감
당하고 있습니다. 1980년 12월 22일에 창립된 두란노서원은 주님 오실 때까지 이 사역들을 계속할 것입니다.

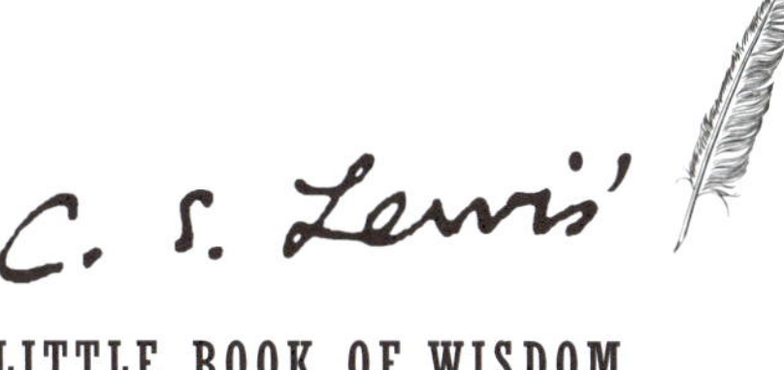

LITTLE BOOK OF WISDOM

삶과 영혼을 다지는 필사 노트

C. S. 루이스의

인생 지혜

두란노

모든 항성과 성운이 사라진 후에도
우리의 삶은 지속된다.

-《영광의 무게》*The Weight of Glory*

CONTENTS

C. S. 루이스의 글을 읽는 독자는 금세 자신이 그의 친한 친구처럼 느껴진다. 꼭 단둘이 그의 단골 이글 앤 차일드(The Eagle and Child)에서 이야기를 나누거나 그의 거실 난롯가에서 함께 차를 마시는 것 같다.

우리의 상상 속에서 루이스는 편안한 실내복 차림에 슬리퍼를 신었거나, 아니면 트위드 재킷을 걸치고 앉아 있을 수 있다. 그러나 연상되는 그의 모습이 이렇게 온화하다 해서 방심해서는 안 된다. 루이스는 인간의 어리석음을 들춰내고 문제의 정곡을 찌르는 데 탁월하다. 더할 나위 없이 친근한데도 그의 위트는 쓰라릴 수 있고, 그의 지혜는 우리의 의심을 밝히 드러낸다. 루이스의 통찰이 이토록 뜨끔한 이유는 직접 자신의 경험에서 우러났기 때문이다. 심사숙고를 거쳐 과감히 삶으로 실천한 결과인 것이다.

나니아 세계에서든 기독교 변증서에서든 루이스는 특유의 대화체 문체로 우리를 편안한 난롯가로 바짝 끌어들인다. 온기에 몸이 사르르 녹을 즈음이면 그가 불시에 진리의 뜨거운 석탄을 휘저어, 불에 데일 듯 멍징하게 우리의 양심에 일격을 가한다.

이 인용문을 생각해 보라.

> "배신한 적이 없는 자가 자원하여 배신자 대신 죽임을 당하면 돌 탁자가 깨지면서 죽음이 원래 없었던 일처럼 된단다."

하얀 마녀의 돌 탁자 위에서 아슬란이 에드먼드 대신 희생당하자 심오한 마법이 살아나면서 죽음은 구속력을 잃는다. 그러는 내내 독자에게는 딱히 설명이 필요하지 않다. 오히려 설명이 없어야 더 잘 느껴진다. 《사자와 마녀와 옷장》*The Lion, the Witch and the Wardrobe*의 이 짤막한 발췌문에서 보듯이 루이스는 도덕적 상상력을 거뜬히 구사하여 깊은 신학적 통찰과 흥미진진한 이야기를 매끄럽게 하나로 엮는다.

유스터스 스크러브는 《새벽 출정호의 항해》*The Voyage of the Dawn Treader*에서 이기심 때문에 용으로 변한 심술쟁이 소년인데, 루이스의 지혜를 묵상하노라면 우리도 유스터스와 비슷한 경험 속으로 빨려든다. 그가 용의 눈물을 뚝뚝 흘리며 회개하자 그제야 아슬란이 나타나 비늘에 덮인 그의 허물을 벗겨 준다.

"처음에 그가 어찌나 깊숙이 뜯어내던지 내 심장까지 뜯겨 나가는 줄 알았다니까. 그가 서서히 허물을 벗기는데 내 평생 그렇게 아팠던 적은 처음이야. 그나마 참을 수 있었던 건 비늘이 벗겨 나갈 때의 그 쾌감 때문이었어. … 그 후에 그가 나를 붙들어 물속에 던졌는데, 그에게 붙들릴 때의 느낌이 별로였어. 살갗이 다 없어진 뒤라 몹시 쓰라렸거든. 물도 처음에는 무척 따갑게 느껴졌는데 조금 지나니까 아주 편안해지더라. 첨벙첨벙 헤엄치다 보니 이미 팔의 통증이 싹 사라졌지 뭐야. 그제야 이유를 깨달았지. 어느새 내가 다시 소년으로 돌아와 있었던 거야."

유스터스와 똑같은 여정에 오르려는 독자에게 이 책이 길잡이가 되어 줄 것이다. 그리스도인으로서 우리는 어떻게 살아야 할까? 이 물음에 답하는 루이스의 지혜는 기쁨의 선물을 끌어안고, 슬픔을 변화시키고, 사랑하는 법을 배우고, 현실을 상상의 눈으로 보고, 우정을 즐거워하고, 소망의 근거를 찾고, 죄를 인정하고, 하나님의 성품을 깨닫고, 아슬란의 나라를 추구한다.

그러니 난롯가에 바짝 다가앉으라. 지혜로운 친구 루이스와 대화를 나눌 시간이다.

"음료수를 옆에 놓고 … 대화를 주고받노라면 마음속에 온 세상과 그 세상 너머의 무엇이 열려 온다."

-《네 가지 사랑》*The Four Loves*

2017년 11월 20일

미국 미시간주 리머스에서

안드리아 커크 아사프, 켈리 앤 리히

Living a Full Life with Christ

Part 1

천국을 닮은 피조물로 변해 가며
기쁨과 평안을 누리다

모든 그리스도인은 작은 그리스도가 되어야 한다.
그리스도인이 되는 목적은 오직 이것 하나뿐이다.
《순전한 기독교》*Mere Christianity*

우리는 항상 사랑에 빠지기도 하고 싸우기도 하고,
일자리를 구하기도 하고 실직을 두려워하기도 하고,
몸이 아프기도 하고 낫기도 하고 … 세상 돌아가는 일을
뒤쫓기에 여념이 없다. 생각 없이 산다면 늘 이런저런 방해
거리가 사라지기만을 기다릴 것이다. 자신의 일에 제대로
몰두하지 못한 채 말이다. 그러나 지식을 원하는 마음이
너무도 간절해서 열악한 조건에서도 배움에 힘써야만 누구든
충실한 성과를 올릴 수 있다. 순탄한 조건은 결코 저절로
주어지지 않는다.
《영광의 무게》*The Weight of Glory*

육적 본능처럼 영적 본능도 채워져야만 한다. 먹을 것이
없으면 영혼은 독일지라도 삼켜 버리고 만다.
《현안: 시대 논평》, "평등" *'Equality', Present Concerns*

우리를 하나님께 넘겨 드릴수록 우리는 더 자기다워진다.
그분이 우리를 지으셨기 때문이다. 그분은 우리를 창조하시되
당신과 나를 서로 다르게 만드셨다. … 진정한 나만의 개성을
찾으려면 개성이 뚜렷하신 그리스도께 나를 내어 드려야
한다.

《순전한 기독교》*Mere Christianity*

사안의 진위 여부에 생사를 걸지 않는 한, 당신이 그것을 정말
얼마나 믿는지 알 수 없다. 상자를 묶는 데만 쓸 밧줄이라면
얼마든지 짱짱하고 질기다고 믿을 수 있다. 그러나 벼랑에서
그 밧줄에 매달려야 한다고 생각해 보라. 그제야 밧줄을 정말
얼마나 믿는지 비로소 드러나지 않겠는가?

《헤아려 본 슬픔》*A Grief Observed*

삶이 평탄하다 해도 성찰이 뒤따르지 않는다면
의무에만 충실할 뿐 이상한 모순, 얄궂은 우연, 자신을
비하하는 유머 등을 즐기기는 어렵다.

《예기치 못한 기쁨》*Surprised by Joy*

정말 겸손한 사람을 만나면 그에게서 요즘 대다수 사람이
말하는 '겸손'을 예상하지 말라. 정말 겸손한 사람은 늘 자신이
극구 아무것도 아니라며 아양을 떠는 느끼하고 역겨운 부류가
아니다. 오히려 정말 관심을 갖고 당신의 말을 진지하게
들어 주는 쾌활하고 똑똑한 친구로 여겨질 것이다. 그런데
그가 싫다면 이는 삶을 그토록 쉽게 즐기는 그를 당신이 약간
시기하기 때문일 것이다. 그는 겸손을 의식하지 않은 것이다.
자신을 전혀 의식하지 않은 것이다.

《순전한 기독교》*Mere Christianity*

당신의 자아 전체를(모든 소원과 경계심까지) 그리스도께 온전히
내어 맡기는 것은 두려운 일일 뿐만 아니라 불가능에 가까운
일이다.

《순전한 기독교》*Mere Christianity*

모험에 오른 이방인이여, 선택하라.
종을 울리고 위험을 견딜 것인가,
아니면 결과가 궁금해 미칠 때까지
생각만 하다 말 것인가?

《마술사의 조카》*The Magician's Nephew*

자신을 얻고자 하면 결국 미움과 외로움과 절망과 분노와
파멸과 부패밖에 얻지 못한다. 그러나 그리스도를 얻고자
하면 그분은 물론이고 덤으로 모든 것도 함께 얻는다.

《순전한 기독교》*Mere Christianity*

표현을 바꾸어 보자면, 과학에서는 대상을 보기 위해 (현미경과
망원경 같은) 별도의 기구를 사용하지만 하나님을 보는 도구는
당신의 자아 전체다. 따라서 사람의 자아가 맑고 깨끗하지
못하면 하나님이 흐릿하게 보일 수밖에 없다. 마치 먼지 낀
망원경으로 달을 보는 것과 같다.

《순전한 기독교》*Mere Christianity*

실제로 미성숙이란 옛것을 놓지 않으려 해서가 아니라 새것을
습득하지 못해서다.
'On Three Ways of Writing for Children'(어린이를 위한 글을 쓰는 세
가지 방법), *Of Other Worlds: Essays and Stories*(이야기에 관하여)

'성인'을 단순 명사 대신 칭송의 말로 취급하는 비평가들은
자신도 성인일 수 없다. 어서 어른이 되고 싶고,
성인이라는 이유만으로 성인을 우러러보며,
유치해 보일까 봐 부끄러워하는 것, 이것은 다 유년기와
사춘기의 특징이다. 정도만 적당하다면 유년기와 사춘기 때는
그것이 오히려 건강한 증상이다. 아이들은 어서 커서 어른이
되고 싶게 마련이다. 그러나 성인이 되려는 집착이 중년이나
하다못해 성년을 막 지나고 나서도 지속된다면, 그것이야말로
미성숙하다는 증거다. 나는 열 살 때는 동화를 몰래 읽었는데
그러다 들켰다면 창피해했을 것이다. 그러나 50세가 된
지금은 동화를 드러내 놓고 읽는다. 내가 장성한 사람이
되어서 어린아이의 일을 버렸는데, 유치함에 대한 두려움과
훌쩍 어른이 되고 싶던 마음도 함께 버렸다.
'On Three Ways of Writing for Children'(어린이를 위한 글을 쓰는 세
가지 방법), *Of Other Worlds: Essays and Stories*(이야기에 관하여)

무언가를 선택할 때마다 선택의 주체인 당신은
이전과 조금씩 달라진다. 평생 무수히 많은 선택을 통해
당신이란 존재는 서서히 천국을 닮은 피조물 아니면
지옥에 걸맞은 피조물로 변해 간다.
전자는 하나님, 다른 피조물, 자아와 조화를 이루지만
후자는 하나님, 동료 피조물, 자아를 늘 대적하고 혐오한다.
한 부류의 피조물은 천국에 동화되어
기쁨과 평안과 지식과 능력을 누리지만,
다른 부류는 광기와 공포와 어리석음과 분노와 무능과
영원한 외로움에서 벗어날 수 없다.
우리 모두는 매 순간 그 둘 중 어느 한쪽으로 이동한다.

《순전한 기독교》*Mere Christianity*

여태 내가 엉뚱한 기도를 드릴 때마다 하나님이 다 그대로
응답해 주셨다면 지금 나는 어떻게 되었겠는가?

《개인 기도》*Letters to Malcolm: Chiefly on Prayer*

당신이 그리스도인이 되려고 생각 중이라면,
경고하건대 그 과정에 당신의 전부가 소요된다.

《순전한 기독교》*Mere Christianity*

기독교가 거짓이라면 하나도 중요하지 않고
진리라면 무한히 중요하다.
적당히 중요할 수는 없다.
《피고석의 하나님》*God in the Dock*

만일 우리가 원자 폭탄에 멸망할 거라면,
겁에 질린 양떼처럼 한데 모여 폭탄만 생각할 것이 아니라
인간답게 현명한 일을 하다가 폭탄을 맞았으면 좋겠다.
기도하고, 일하고, 가르치고, 책을 읽고, 음악을 듣고,
자녀를 목욕시키고, 테니스를 치고, 친구들과 차를 마시며
잡담도 나누고 다트 게임도 즐기다가 말이다.
몸이야 (세균에게 무너지듯) 폭탄에도 무너질 수 있지만,
생각까지 폭탄에 지배당할 필요는 없지 않은가.
On Living in the Atomic Age(원자력 시대의 삶에 관하여)

양심에 복종할수록 양심이 요구하는 게 더 많아진다.
《순전한 기독교》*Mere Christianity*

감사는 과거를 돌아보고 사랑은 현재에 눈길을 두지만,
두려움과 탐욕과 정욕과 야망은 미래만 보고 있지.
《스크루테이프의 편지》*The Screwtape Letters*

해 아래서 가장 좋은 것은
밥상머리에 웃음꽃이 피는 가정이다.
《영광의 무게》*The Weight of Glory*

독창성에 신경 쓰는 사람치고 독창성을 발휘하는 사람은
없다. 반면에 (이미 얼마나 회자된 내용이든 전혀 개의치 않고)
단순히 진실을 말하려 하면, 열에 아홉 번은 자신도 모르게
독창성이 발휘된다.
《순전한 기독교》*Mere Christianity*

누구나 신이 될 수 있는 사회에 산다는 것은 심각한 일이다.
잊지 말아야 한다. 당신이 만난 가장 둔하고 가장 재미없는
사람이 언젠가 강한 숭배 욕구를 불러일으키는 인물로 변할
수도 있고, 반대로 행여 악몽에서나 나타날 만한 끔찍한
악한(惡漢)이 될 수도 있다. 온종일 우리는 서로를 그 둘 중
한쪽으로 떠민다. 이런 엄청난 가능성을 염두에 두고 우리는
그만큼 경외심과 신중함을 가지고 서로를 대하며 모든 우정과
사랑과 놀이와 정치에 임해야 한다. 보통 사람이란 없다.
당신은 그저 죽을 운명인 인간과 대화하는 것이 아니다.
국가와 문화와 예술과 문명은 다 끝이 있으며, 그것들의
수명은 우리 삶에 비하면 하루살이에 지나지 않는다. 그러나
우리가 함께 농담을 주고받고 일하고 결혼하고 구박하고
착취하는 사람은 불멸의 존재다. 불멸의 악한이거나 영원한
성자다.
《영광의 무게》*The Weight of Glory*

심상과 인식이 유기적 연합을 이루듯이
그리스도인은 인간의 몸과 영혼도 그런 관계로 본다.
《피고석의 하나님》*God in the Dock*

사실 복음서에서 약속한 보상이 얼마나 노골적이고
어마어마한지를 생각하면, 우리의 갈망은 주님 보시기에 너무
강하기는커녕 오히려 너무 약하다. 우리는 건성건성 살아가는
존재인지라 그분이 무한한 기쁨을 베푸시는데도 기껏 음주와
성적 욕망과 야망 따위에 시간을 허비한다. 바닷가로 휴가를
가자는데도 그게 뭔지 몰라 판자촌에서 흙장난이나 하려는
아이와도 같다. 우리는 아무것에나 너무 쉽게 감동한다.
《영광의 무게》*The Weight of Glory*

그런데 여기 웃어야 할지 울어야 할지 모르는 우리의 현실이
있다. 우리는 어떤 자질을 불가능하게 만들어 놓고는 바로
그 자질을 찾아 늘 아우성이다. 정기 간행물을 펴 보면
우리의 문명에 필요한 것이 더 많은 '의욕'이나 추진력이나
자기희생이나 '창의력'이라는 말이 단골로 등장한다. 우리는
섬뜩하리만치 간단하게 기관(器官)을 절제해 놓고는 그 기능이
필요하다고 우긴다. 사람들을 냉혈 인간으로 만들어 놓고는
그들에게 덕과 바른 정신을 기대한다. 신의를 비웃어 놓고는
혹시 배반자가 나오면 경악한다. 거세해 놓고는 그 거세당한
동물에게 새끼를 낳으라 한다.
《인간 폐지》*The Abolition of Man*

미래란 누구에게나 시간당 60분의 속도로 찾아오게 되어
있어. 그 사람이 누구든, 무엇을 하든 상관없이 말이야.
《스크루테이프의 편지》*The Screwtape Letters*

하나님만 있으면 모든 것을 다 가진 것과 무엇이 다르랴.
《영광의 무게》*The Weight of Glory*

성(性)은 하나님의 감추어진 일을
우리에게 상징해 줄 목적으로도 창조되었고,
인간의 결혼은 그리스도와 교회의 연합의 본질을
예시해 주는 역할도 한다.
《피고석의 하나님》*God in the Dock*

특별히 거룩한 장소와 물건과 절기가 있는 것은 좋네.
그런 구심점 내지 환기 장치가 없으면,
모든 것이 거룩하고 ‘하나님으로 충만하다’는 믿음이
금방 한낱 감정으로 전락하기 때문일세.
그런데 이런 거룩한 장소와 물건과 절기는
모든 땅이 거룩하고 모든 덤불이 (우리가 지각할 수만 있다면)
불붙은 떨기나무라는 사실을 환기시켜 주기는커녕
오히려 우리의 그런 인식을 잠식해 버릴 수도 있네.
그렇게 되면 그 거룩한 것들이 우리에게 오히려 해로워지지.
그래서 ‘종교’는 꼭 필요하면서도 늘 위험을 안고 있다네.

《개인 기도》*Letters to Malcolm: Chiefly on Prayer*

사람이 늘 진리를 변호하고만 있을 수는 없다.
진리를 섭취해야 할 때도 있는 법이다.

《시편 사색》*Reflections on the Psalms*

그리스도인은 선해지려고 애쓰는 다른 이들과는
입장이 다르다. 다른 이들은 선행을 통해,
신이 있는 경우 신의 마음에 들려 하고,
신이 없다고 생각할 경우 선량한 부류에게라도
인정받으려 한다.
그러나 그리스도인은 자신의 모든 선행이
내면에 주어진 그리스도의 생명에서 비롯된다고 본다.
우리가 선해서 하나님이 사랑하시는 것이 아니라
그분이 우리를 사랑하시기에
선하게 변화시켜 주신다는 것이다.
온실 지붕이 환해서 햇빛을 끌어모으는 것이 아니라
해가 빛을 비추기에 환해지는 것과 마찬가지다.
《순전한 기독교》*Mere Christianity*

워낙 온전한 경험이라서 그것을 무조건 반복한다면
오히려 격이 떨어질 것 같았다.
똑같은 교향곡을 하루에 두 번 들으려는 것처럼 말이다.
《페렐란드라》*Perelandra*

내가 미처 몰랐지만, 아무리 보잘것없더라도
마음씨가 넓고 안정된 사람은 찬양이 넘쳐나는 반면,
괴팍하고 삐딱하고 불만이 많은 사람은 찬양에 인색하다.
훌륭한 비평가는 많은 불완전한 작품에서도
칭찬할 점을 찾아내지만,
형편없는 비평가는 읽을 만한 도서 목록을 계속 줄인다.
건강하고 소탈한 사람은 각종 산해진미를 맛보며
유복하게 자랐다 해도 아주 소박한 식사를 칭찬할 줄 알지만,
성질이 못된 속물은 음식마다 꼬투리를 잡는다.
견딜 수 없을 정도로 큰 역경이 가로막지 않는 한,
찬양은 소리로 들리는 내면의 건강과도 같다.

《시편 사색》*Reflections on the Psalms*

Choosing Joy

Part 2

✦ 기쁨을 선택하다 ✦

하나님을 즐거워하며
새로운 전율의 세계로 들어가다

기쁨은 천국에서 중대사라네.

《개인 기도》*Letters to Malcolm: Chiefly on Prayer*

진지하고 일관되게 기쁨을 갈망하는 영혼은 누구라도
결코 그 기쁨을 놓치지 않는다네. 찾는 이는 찾아내고,
문을 두드리는 이에게는 열리는 것이 바로 기쁨이지.

《천국과 지옥의 이혼》*The Great Divorce*

기쁨이 찾아온 내 이야기에 흥미를 느끼지 못하는 독자는
이 책을 더 읽을 필요가 없다. 내 삶의 중심을 이루는 이야기는
어떤 의미에서 바로 기쁨에 관한 것이기 때문이다.

《예기치 못한 기쁨》*Surprised by Joy*

거울인 우리에게 밝은 구석이 있다면 그 밝음은 오직 우리를
비추는 햇빛에서 온 것이다.

《네 가지 사랑》*The Four Loves*

평시에든 전쟁 시에든 당신의 덕행이나 행복을
결코 미래로 미루지 말라.
《영광의 무게》*The Weight of Glory*

전율을 붙들어 두려 해 봐야 아무런 소용이 없다.
그거야말로 당신이 할 수 있는 최악의 일이다.
짜릿함이 식어서 점점 사라져도 괜찮다. 그 죽음의 시기를
통과해 이후의 더 잔잔한 흥취와 행복 속으로 들어가라.
그러면 어느새 당신은 늘 새로운 전율의 세계 속에 살게 된다.
하지만 항상 짜릿해야 한다고 정해 놓고
그 상태를 인위적으로 연장하려 하면,
그만큼 전율은 점점 더 약해지고 뜸해진다.
그러다 결국 남은 평생 권태와 환멸에 빠진 노인이 되고 만다.
이것을 깨닫는 사람이 별로 없다 보니,
잃어버린 청춘 타령이나 하는 중년 남녀가 많다.
중년이면 사방에 새로운 지평과 새로운 문이 열릴 때인데
말이다. 처음으로 물가에서 첨벙거리던 어릴 적의 기분을
끝없이 (또한 가망 없이) 되찾으려 하기보다는 수영을 배우는
편이 훨씬 재미있다.
《순전한 기독교》*Mere Christianity*

우리는 아름다움을 보는 데 만족하지 않고 말로 표현하기
힘든 다른 무엇을 원한다. 아름다움과 연합해 그 속에 들어가고
아름다움을 내 속에 받아들여 거기에 잠김으로써 자신도
아름다워지기를 원한다.

Transposition and Other Addresses(치환 외)

자유 의지가 있기에 악도 가능하다. 그러나 악뿐 아니라 값진
사랑이나 선이나 기쁨도 자유 의지가 있어야만 가능하다.

《순전한 기독교》*Mere Christianity*

모든 기쁨은 다시 생각나게 한다. 기쁨은 결코 소유물이
아니라 늘 오래전 일이나 멀리 있는 일이나 아직 '일어나지
않은' 일에 대한 갈망이다.

《예기치 못한 기쁨》*Surprised by Joy*

기쁨은 성(性)의 대용품이 아니지만 성은 기쁨의 대용품일
때가 많다. 모든 쾌락이 기쁨의 대용품이 아닐까 하는 의문도
가끔 든다.

《순전한 기독교》*Mere Christianity*

(한낱 쾌락과 구별되면서도 그보다 더 즐거운) 모든 기쁨은 우리가
순례자 신분임을 부각시켜 주지. 늘 다시 생각나게 하고,
손짓해 부르며, 열망을 들깨운다네. 우리의 최상의 소유는
곧 갈망이네.

The Collected Letters of C. S. Lewis(C. S. 루이스 서한집)

이것이 내가 말하는 기쁨이다. 여기서 기쁨은 엄밀히
기술적인 용어로서, 행복과 쾌락 둘 다와 확연히 구별되어야
한다. 실제로 내가 말하는 기쁨의 특징에서, 행복이나 쾌락과
공통된 점은 딱 하나뿐이다. 누구든지 그것을 경험한 사람은
다시 원한다는 사실이다. … 기쁨을 맛본 사람은 결코 그것을
세상 무슨 쾌락과도 바꾸려 하지 않을 것이다. 설령 기쁨과
쾌락을 둘 다 자신의 힘으로 얻을 수 있다 해도 말이다. 쾌락은
대개 우리 힘으로 얻을 수 있지만 기쁨은 전혀 그렇지 않다.

《예기치 못한 기쁨》*Surprised by Joy*

따뜻해지려면 불 옆에 바짝 서야 하고, 물에 젖으려면 물속에
들어가야 한다. 마찬가지로 기쁨과 능력과 평안과 영생을
원하거든, 그것이 있는 데로 가까이 가거나 그 속으로
들어가야 한다. 이는 하나님이 원하신다 해서 아무에게나
분배하실 수 있는 상(賞) 같은 것이 아니다.

《순전한 기독교》*Mere Christianity*

저는 행복해지려고 종교에 귀의한 것이 아닙니다. 행복이라면
포도주 한 병으로도 가능함을 늘 알았지요. 정말 편해지려고
종교를 원하는 사람이 있다면 저는 결코 기독교를 권하지
않습니다.

《피고석의 하나님》*God in the Dock*

하나님의 손에 자신을 맡기는 사람들은 그분이 온전하신
것같이 온전해진다. 사랑, 지혜, 기쁨, 아름다움, 건강,
불멸성에서 온전해진다. 그러나 이 변화는 현세에 완성되지
않는다. 죽음이 그 과정에서 중요한 요소로 끼어들기
때문이다. 그리스도인이 죽기 전에 얼마나 변화될지는
개인마다 다르다.

《순전한 기독교》*Mere Christianity*

우리가 말하는 지금 여기에서의 '행복'은
하나님이 생각하시는 주목표가 아니다.
그러나 우리가 하나님이 주저함 없이 사랑하실 만한 존재가
되면, 비로소 행복해진다.
《고통의 문제》*The Problem of Pain*

그날이 오면 세상에 기쁨이 차고 넘쳐
불행을 퍼뜨리는 자들이 더는 기쁨을 더럽힐 수 없거나,
아니면 행복을 버리고 불행을 퍼뜨리는 그들이 영원히
남의 행복까지 짓밟거나 둘 중 하나지.
《천국과 지옥의 이혼》*The Great Divorce*

웨스트민스터 요리문답에 "하나님을 영화롭게 하고 영원히
즐거워하는 것"이 사람의 으뜸가는 목적이라 했는데, 알고
보면 그 둘은 하나다. 하나님을 온전히 즐거워하는 것이 곧
하나님을 영화롭게 하는 것이다. 하나님을 영화롭게 하라는
하나님의 명령은 하나님을 즐거워하라는 초대다.
《시편 사색》*Reflections on the Psalms*

지상에서의 일이 기억나지 않나요? 어떤 것은 너무 뜨거워
손으로 만질 수 없는데도 그것을 마시는 것은 괜찮았지요.
수치심도 그와 같아요. 수치심을 받아들이면(다 마셔서 잔을
비우면) 소중한 양분이 된답니다. 그러나 수치심을 다른 식으로
처리하려 하면 화상을 입어요.
《천국과 지옥의 이혼》*The Great Divorce*

우리가 흔히 구분하는 소유와 갈망은 기쁨의 속성 앞에서
무의미해진다.
《예기치 못한 기쁨》*Surprised by Joy*

밀턴의 말이 옳았네. 구원을 거부한 모든 영혼의 선택은
"천국에서 섬기느니 차라리 지옥에서 지배하는 편이 낫다"는
말로 표현될 수 있지. 그들은 불행해지는 한이 있더라도
늘 뭔가에 집착한다네.
《천국과 지옥의 이혼》*The Great Divorce*

아침에 정원에서 기도할 때 이슬과 새와 꽃을 애써 외면하면
정원의 생기와 환희에 압도된 채 돌아올 것이다. 그러나
감동을 얻으려는 목적으로 정원에 가면, 어느 정도 나이가
들고서는 열에 아홉 번은 아무 일도 일어나지 않을 것이다.
《네 가지 사랑》*The Four Loves*

감히 용기를 내거라.
《말과 소년》*The Horse and His Boy*

내 경우, 시편이 주는 가장 값진 선물은 춤추던 다윗과 똑같이
하나님을 즐거워하게 해 준다는 것이다.
《시편 사색》*Reflections on the Psalms*

정욕은 초라하고 나약한 푸념과 속삭임에 불과하다네. 정욕이
사라진 뒤에 솟아나는 풍부하고 힘찬 갈망에 비하면 ….
《천국과 지옥의 이혼》*The Great Divorce*

Transforming Grief

Part 3

고통은 귀 막은 세상을 깨우는
하나님의 메가폰이다

하나님은 우리가 기쁠 때는 속삭이시고 우리의 양심에 조용히
말씀하시지만, 우리가 고통 가운데 있을 때는 고함을 치신다.
고통은 귀먹은 세상을 깨우기 위한 하나님의 메가폰이다.
《고통의 문제》*The Problem of Pain*

하나님은 내 믿음이나 사랑이 어떤지를 알아내려고 굳이
시험하신 적이 없다. 그분은 이미 아셨다. 내가 몰랐을 뿐이다.
이 재판에서 그분은 피고석, 증인석, 판사석을 모두 우리에게
내주신다. 나의 신전이 사상누각임을 그분은 늘 아셨다.
이 사실을 그분이 내게 깨우쳐 주시는 길은 그 사상누각을
무너뜨리시는 것뿐이었다.
《헤아려 본 슬픔》*A Grief Observed*

우리는 하나님의 예술 작품이다. 은유가 아니고 사실이다.
지금도 그분은 우리를 빚으시는 중이며, 그래서 우리에게
특정한 성품이 형성되기까지는 만족하지 않으신다. …
하나님이 예비하신 우리의 운명이 덜 영광스럽더라도 차라리
덜 고되었으면 하는 마음이 당연히 든다. 하지만 그러면
우리는 더 많은 사랑이 아니라 더 적은 사랑을 바라는 것이다.
《고통의 문제》*The Problem of Pain*

진리를 구하면 결국 위로를 얻을 수도 있지만,
위로를 구하면 위로도 진리도 얻지 못한다.
처음에는 아첨과 희망 사항뿐이다가
끝에 가서는 절망만 남는다.
《순전한 기독교》*Mere Christianity*

내게 종교의 진리에 대해 말하면 즐거이 듣겠다.
종교의 의무에 대해 말하면 순종하는 마음으로 듣겠다.
그러나 당신이 내게 다가와 종교의 위로를 말한다면,
내게는 당신이 무지한 사람으로 보일 것이다.
《헤아려 본 슬픔》*A Grief Observed*

쾌락으로 가장한 환난보다 있는 그대로의 환난이 더 견디기
쉬운 법이다.
《예기치 못한 기쁨》*Surprised by Joy*

희생이 없이는 귀한 지혜를 하나도 얻을 수 없단다.
《마술사의 조카》*The Magician's Nephew*

하나님의 형벌은 자비이기도 하다.

《예기치 못한 기쁨》*Surprised by Joy*

고난은 전체 과정의 일부로 우리에게 이미 예고된 것이다.
"애통하는 자는 복이 있나니"라고까지 하신 그분의 말씀을
나는 그대로 받아들인다. 지금까지 내가 자초하지 않은
고난은 하나도 없었다. 물론 고난이 남에게가 아니라
나 자신에게, 가상이 아니라 현실로 닥쳐오면 생각이
달라진다.

《헤아려 본 슬픔》*A Grief Observed*

하나님이 우리에게 삶의 밑바닥을 경험하게 하시는 이유는
다른 방법으로는 배울 수 없는 교훈을 가르치시기 위해서다.

《고통의 문제》*The Problem of Pain*

슬픔은 '가만히 있지' 않는다. 한 고비를 벗어났다 싶으면
자꾸 또 되살아난다. 돌고 돌아 모든 것이 반복된다.
제자리걸음일까, 아니면 감히 바라건대 순환일까?
순환이라면 악순환일까 선순환일까? 앞으로도 늘 이럴까?
망망한 공허감에 난생처음인 양 놀라며 "여태 내가 내 상실을
전혀 몰랐구나"라고 되뇌는 일이 얼마나 잦을까?
이미 절단된 다리가 번번이 또 잘려 나간다.

《헤아려 본 슬픔》*A Grief Observed*

이제야 알고 보니 자신의 불행을 말로 표현하는 이들도
아프지만, 침묵하는 이들은 더 아프다네.

The Collected Letters of C. S. Lewis(C. S. 루이스 서한집)

인간은 일부 한시적 고난에 대해 "미래의 어떤 복으로도
그것을 보상받을 수 없다"고 말하지만, 그들이 모르는 것이
있네. 일단 천국에 들어서면 모든 것이 원래대로 되돌아가
그 고통마저도 영광으로 변한다는 것이지. 또 그들은 일부
악한 쾌락에 대해 "대가를 치르는 한이 있더라도 이번만
즐기겠다"고 말하지만, 저주가 과거로 쭉 거슬러 올라가 그
죄의 쾌락까지도 망쳐 놓을 줄은 상상도 못한다네. 양쪽 다
인간이 죽기 전부터 이미 시작되는 과정일세.
《천국과 지옥의 이혼》*The Great Divorce*

상태를 기술하여 슬픔의 지도를 그릴 수 있다고 생각했는데,
알고 보니 슬픔은 상태가 아니라 과정이다.
《헤아려 본 슬픔》*A Grief Observed*

하나님이 우리를 가장 잘되게 하시리라는 데는
의심의 여지가 없습니다.
그 과정에 얼마나 고통이 따를지가 문제일 뿐이지요.
The Collected Letters of C. S. Lewis(C. S. 루이스 서한집)

자연 질서와 자유 의지에 뒤따르는 고통의 가능성을 없애려
노력해 보라. 어느새 삶 자체가 사라질 것이다.
《고통의 문제》*The Problem of Pain*

잃어버릴 수 있는 것에 당신의 행복을 걸지 말라.
《네 가지 사랑》*The Four Loves*

하나님은 우리가 원하는 대로 주시지 않고 우리에게 필요한
것을 주려 하신다.
《고통의 문제》*The Problem of Pain*

하나님은 당신의 환난을 내다보시고 지금까지 당신에게
그것을 헤쳐 나갈 특별한 힘을 주셨습니다. 고통을 피하게 할
수는 없어도 오점이 남지 않게 하셨지요.
The Collected Letters of C. S. Lewis(C. S. 루이스 서한집)

울고 싶은 만큼 울어도 괜찮다. 그러나 조만간 멈추어
이제부터 어떻게 할지를 결정해야 한다.
《은 의자》*The Silver Chair*

피터는 용기를 잃었고 오히려 구역질이 날 것 같았다.
그래도 꼭 해야 할 일은 달라지지 않았다.
《사자와 마녀와 옷장》*The Lion, The Witch and the Wardrobe*

하지만 지옥에 가득한 외로움과 분노와 증오와 시기심과
욕망을 모두 하나의 경험으로 뭉쳐 저울에 단다면, 천국에서
지극히 작은 자가 느끼는 찰나의 기쁨에도 못 미칠 만큼
아예 무게랄 것도 없다네. 선은 온전히 선한데 악은 제대로
악하지도 못해.
《천국과 지옥의 이혼》*The Great Divorce*

모험도 막상 모험하는 중에는 재미가 없구나.
《새벽 출정호의 항해》*The Voyage of the Dawn Treader*

제정신인 사람이 미친 사람을 도우려고 자신마저 미친다면,
아무런 도움도 되지 못할 걸세.

《천국과 지옥의 이혼》*The Great Divorce*

길잡이는 "모두 아시다시피 안전이야말로 인간의 가장 큰
적입니다"라고 말했다.

《순례자의 귀향》*The Pilgrim's Regress*

Learning to Love

Part 4

베풀고 섬기고 고난도 감수하는
찬란한 사랑을 하다

우리는 태어날 때부터 무력한 존재이며,
의식이 다 깨어나는 순간 외로움을 느낀다.
그래서 신체적, 정서적, 지적으로 타인이 필요하다.
나 자신도 다른 사람들이 있어야만 알 수 있다.

《네 가지 사랑》*The Four Loves*

'사랑에 빠지는 것'은 좋은 일이지만 가장 좋은 일은 아니다.
그보다 못한 일도 많고 그보다 나은 일도 있다. 그러므로
삶 전체의 기초를 거기에 두어서는 안 된다. 그것은 고귀한
감정이지만 그래 봐야 감정이다. … 지식과 원칙과 습관은
오래갈 수 있지만 감정은 있다가도 없어진다. … 하지만 사랑에
빠진 상태가 끝난다 해서 더는 사랑할 수 없다는 뜻은 물론
아니다. 사랑에 빠지는 것과 구별되는 두 번째 의미의 사랑은
단지 감정이 아니라 깊은 연합이다. 이 사랑은 의지에 힘입어
유지되고, 의식적 습관을 통해 돈독해지며, (그리스도인 부부의
경우) 은혜로 말미암아 강화된다. 그들은 둘 다 하나님께 은혜를
구하고 받는다. … 처음에 사랑에 빠져 정절을 서약한 그들이
이제 더 잔잔한 사랑으로 서약을 지킬 수 있다. 결혼이라는
엔진에 시동을 건 것은 사랑에 빠진 감정이었지만, 엔진을 계속
돌아가게 하는 것은 바로 이 사랑이다.

《순전한 기독교》*Mere Christianity*

당신을 제대로 사랑하려면 나는 하나님을 창조주로 예배해야
한다. 내게 가장 소중한 사람보다 하나님을 더 사랑하면 그
사람을 지금보다 더 사랑하게 된다. 그러나 하나님을 제쳐
두고 그 사람을 사랑하면, 결국 그 사람을 전혀 사랑하지
못하게 된다. 중요한 것을 첫자리에 두면 그다음 것들은
억눌리는 것이 아니라 더 커진다.

The Collected Letters of C. S. Lewis(C. S. 루이스 서한집)

마땅히 하나님께만 드려야 할 절대적 충정을 자칫 우리가
사랑하는 사람들에게 바칠 수 있다. 그러면 그들은 신이 된다.
즉 귀신이 돼서 우리를 파멸에 빠뜨리고 스스로도 망한다.
자연적 사랑이 신으로 변하면 더는 사랑이 아니다.
여전히 사랑이라 불리지만 사실은 교묘한 형태의
증오일 수 있다.

《네 가지 사랑》*The Four Loves*

하나님이 우리에게 자신의 논리력을 조금 빌려 주셔서 우리도
사고할 수 있다. 그분이 우리 안에 자신의 사랑을 조금 심어
주셔서 우리도 서로 사랑할 수 있다. 아이에게 글씨 쓰기를
가르칠 때 우리는 아이의 손을 잡고 함께 쓴다. 그러면 아이는
우리가 쓰는 대로 따라간다. 우리가 사랑하고 사고하는 것도
하나님이 우리 손을 잡고 함께 사랑하시고 사고하시기
때문이다.

《순전한 기독교》*Mere Christianity*

욕구를 채우려는 사랑은 궁핍한 상태에서 하나님께
부르짖지만, 베푸는 사랑은 하나님을 섬기려 하고 그분을 위해
고난까지 감수한다. 나아가 감사하는 사랑은 "주님의 크신
영광을 인해 주님께 감사드립니다"라고 고백한다.
상대가 여자일 경우 욕구를 채우려는 사랑은 "나는 그녀
없이는 살 수 없다"라고 말하지만, 베푸는 사랑은 그녀에게
행복과 위로와 보호와 가능하다면 재물도 주려 한다. 나아가
감사하는 사랑은 숨을 죽이고 말없이 그녀를 응시한다.
설령 헤어져야 할지라도 이런 경이가 존재한다는 사실을
기뻐한다. 그녀를 잃더라도 완전히 낙담하지는 않으며, 차라리
잃을지언정 그녀를 아예 몰랐을 경우보다는 더 낫다고 여긴다.

《네 가지 사랑》*The Four Loves*

자신이 이웃을 '사랑하는지' 안 하는지 신경 쓰느라 시간을
허비할 것이 아니라 이미 사랑하는 것처럼 행동하라. 마치
사랑하고 있는 듯 행동하면 정말 금세 사랑하게 된다.
《순전한 기독교》*Mere Christianity*

"그들은 이렇게 말할 겁니다." 그가 대답했다.
"우리는 사랑이 부족해서 순종하지 못하는 게 아니라
순종하려 해 본 적이 없어서 사랑을 잃어버렸다고 말이지요."
《그 가공할 힘》*That Hideous Strength*

그분께 나 자신을 드린 후에야 비로소 나다워졌다네.
The Collected Letters of C. S. Lewis(C. S. 루이스 서한집)

시인이든 음악가든 화가든 은혜가 없이는 자신이 말하려는
바를 사랑하지 못하며, 말하는 행위 자체에 집착하게 됩니다.
그 상태로 깊은 지옥에 이르면 하나님은 아예 관심 밖으로
밀려나고 그분에 대한 말만 무성해지지요.
《천국과 지옥의 이혼》*The Great Divorce*

무엇이든 사랑해 보라. 틀림없이 마음이 쥐어짜이듯 아프고
어쩌면 찢어질 수도 있다. 마음을 조금도 다치지 않으려면
아무에게도 심지어 동물에게도 마음을 주어서는 안 된다.
마음을 취미와 소소한 안락에 잘 싸매 두고 누구와도 일절
부대끼지 말라. 당신의 이기심이라는 관 속에 안전히 모셔
두라. 그러나 안전하고 캄캄하고 움직임도 없고 바람도
통하지 않는 그 관 속에서 마음은 변질될 것이다. 찢어지거나
상처받을 일도 없겠지만 또한 뚫고 들어가거나 구원받을 수도
없는 상태가 될 것이다. 비극의 가망성마저 미리 다 차단하면
그 결과는 저주다. 천국을 제외하고 사랑의 모든 위험과
혼란에서 완벽하게 안전할 수 있는 곳은 지옥뿐이다.
《네 가지 사랑》*The Four Loves*

사랑은 모든 결점을 용서하고 결점에도 불구하고
여전히 사랑할 수 있으나, 그렇다고
결점이 사라지길 바라는 마음을 버릴 수는 없다.
《고통의 문제》*The Problem of Pain*

아직 놓아 보내지 않은 것은 정말 당신 것이 될 수 없다.
《순전한 기독교》*Mere Christianity*

가슴은 결코 머리를 대신하지 않는다.
그러나 가슴은 머리에 순종할 수 있고 마땅히 순종해야 한다.
《인간 폐지》*The Abolition of Man*

사랑은 그저 친절에 불과한 것보다 더 준엄하고 찬란한
것이다.
《고통의 문제》*The Problem of Pain*

사랑하면 상처받기 쉬워진다.
《네 가지 사랑》*The Four Loves*

사랑은 애틋한 감정이 아니라 힘닿는 한
상대를 가장 잘되게 하려는 일관된 마음입니다.
《피고석의 하나님》*God in the Dock*

사랑에 빠지는 사건에는 이런 성질이 있다. 즉 우리는
사랑이 덧없다는 생각을 용납하지 않고 당연히 물리친다.
사랑은 높이 도약해서 단번에 거대한 자아를 뛰어넘는다.
사랑하면 욕구 자체가 이타적으로 변한다. 자신의 행복은
시시해져 옆으로 밀려나고, 상대를 잘되게 하려는 마음이
존재의 중심을 차지한다. 이웃을 자신처럼 사랑하라는
율법을 힘들이지 않고 자연스럽게 (한 사람에게) 지킨 것이다.
이것은 하나의 은유이자 맛보기이며, 우리는 모든 사람을
그렇게 대해야 한다. 사랑이신 하나님이 다른 경쟁자 없이
우리 마음을 지배하시면 그렇게 된다. 그래서 사랑에 빠지는
경험은 사랑의 반경을 넓히는 아주 유용한 준비 단계이기도
하다.

《네 가지 사랑》*The Four Loves*

연인이 계속 서로에게 아름답다고 말해 주는 것은
그저 의례적인 말이 아니다.
그들의 즐거움은 겉으로 표현될 때 비로소 완성된다.

《시편 사색》*Reflections on the Psalms*

성가신 사람을 직접 찾아가서 만나기보다
그 사람을 위해 기도하기가 훨씬 쉽다네.

《개인 기도》*Letters to Malcolm: Chiefly on Prayer*

하나님은 사랑이신데, 본래 사랑이란 무조건 잘해 주기만
하는 것이 아니다. 모든 기록으로 보아, 그분은 종종 우리 죄를
지적하며 책망하셨지만 우리를 멸시하신 적은 없다. 오히려
가장 깊고 참혹하고 치열하게 우리를 사랑하심으로써 감당
못할 칭찬을 베푸셨다.

《고통의 문제》*The Problem of Pain*

아무리 도에 지나친 무법의 사랑도 자신을 보호하려고
아예 사랑하지 않기로 작정하는 것보다는
하나님의 뜻에 덜 어긋난다.

《네 가지 사랑》*The Four Loves*

사람들이 책에서 얻는 생각은 배우자만 잘 만나면 '사랑에
빠진' 상태가 영원히 계속되리라는 것이다. 그러다 보니
나중에 천생연분이 아니다 싶으면 자신이 실수했으니 상대를
갈아 치울 권한이 있다고 생각한다. 하지만 새로 사랑해서
다른 사람과 결혼해도 황홀한 단꿈은 이전처럼
금방 사라진다는 것을 모른다. 삶의 모든 부분이 그렇듯이
이 부분에서도 짜릿함은 처음에만 잠깐일 뿐 오래가지
않는다.

《순전한 기독교》*Mere Christianity*

후히 사랑하는 사람들은 하나님께 '가깝다'.
그러나 물론 이것은 '비슷해서 가깝다'는 의미다.

《네 가지 사랑》*The Four Loves*

내가 아는 일부 얼빠진 그리스도인들은 마치 기독교가
성(性)이나 몸이나 쾌락 자체를 나쁘게 보는 것처럼 말한다.
하지만 틀린 생각이다. 주요 종교 가운데 기독교만이 거의
유일하게 육체를 완전히 인정한다. 기독교에 따르면 물질은
선하고, 하나님 자신도 한때 인간의 몸을 입으셨으며,
천국에서도 우리에게 모종의 몸이 주어져 그 몸이 우리의
행복과 아름다움과 에너지의 필수 요소가 될 것이다.

《순전한 기독교》*Mere Christianity*

즐거운 이야기나 노래나 예술 작품의
작자에 대한 가장 진실한 칭찬이
우리 시대에는 결국 이런 뜻임을 아는가?
"내 마음에 감동을 주네요."

Poems(시집)

그리스도인이라면 누구나 동의하겠지만, 인간의 영적 건강은
하나님을 얼마나 사랑하느냐에 정비례한다.

《네 가지 사랑》*The Four Loves*

기독교는 다른 어떤 종교보다도 결혼을 예찬해 왔으며,
세상에서 위대한 사랑의 시들은 거의 다 그리스도인의
작품이다.

《순전한 기독교》*Mere Christianity*

아무것도 필요하지 않으신 하나님이 사랑으로 피조물을
지으시되 차고 넘치도록 많이 지으셨으니, 바로 그들을
사랑하시고 온전하게 하시기 위해서다. 우주를 창조하실
때부터 그분은 이미 내다보셨다. … 십자가 주위를 윙윙대는
파리 떼, 꺼끌꺼끌한 나무에 쓸려 살가죽이 벗겨진 등,
신경 한가운데를 관통하는 대못, 초반에 몸이 축 늘어지면서
반복되는 질식, 숨을 쉬려고 몸을 들썩일 때마다 재현되는
등과 팔의 고통을 말이다. 감히 생물에 비유하자면 하나님은
일부러 자신의 기생충을 지으신 '숙주'와 같다. 우리에게
그분을 착취하고 '빨아먹게' 하신 것이다. 사랑은 이렇게
나타났으니 곧 그분 자신이 사랑이시며 그분이 모든 사랑을
지으셨다.

《네 가지 사랑》*The Four Loves*

Lessons from Reality and the Imagination

Part 5

이 세계의 휘장을 걷고 저 광대한 세상에서 기적을 만나다

나는 해가 뜬 것을 믿듯이 기독교를 믿는다. 해가 보여서만이
아니라 해를 통해 다른 모든 것을 보기 때문이다.
Is Theology Poetry?(신학은 시인가?)

자신을 살아 있는 집이라 상상해 보라. 하나님이 들어오셔서
그 집을 재건하신다. 배관을 고치고 지붕의 누수를 막으시는
등 그분이 하시는 일이 처음에는 이해될 것이다. 어차피
필요했던 작업이니 놀라지 않을 것이다. 그러나 머잖아
그분이 집을 허무시면 당신은 지독히 아프고 어이가 없을
것이다. 도대체 무엇을 하시려는 것일까? 설명하자면 그분은
당신이 생각하던 집과는 전혀 다른 집을 지으시는 중이다.
별관을 새로 들이고, 마루도 더 깔고, 탑을 올리고, 마당도
넓히신다. 당신은 작고 무난한 오두막을 예상했는데 그분은
친히 들어와 궁전을 지으신다.
《순전한 기독교》*Mere Christianity*

현실은 깔끔하거나 명확하지 않다. 당신이 예상하던 바와는
다르다.
《순전한 기독교》*Mere Christianity*

하나님은 화가시고 당신은 그림일 뿐임을 잊지 마세요.
당신에게는 그림이 보이지 않아요. 그러니 그분이 그리시는
대로 조용히 맡기세요. 즉 주어진 자리에서 모든 확실한
본분(그게 무엇인지 당신도 잘 압니다!)을 다하고, 실패한다면
용서를 구한 뒤 털고 일어나면 됩니다. 당신은 이미 바른길에
들어서 있습니다. 그러니 그 길을 보고만 있지 말고 걸으세요.
The Collected Letters of C. S. Lewis(C. S. 루이스 서한집)

내가 알기로 유일한 차이점은 이것이다. 많은 사람에게
보이는 것은 현실이라 부르고, 한 사람에게만 보이는 것은
꿈이라 부른다는 것이다.
《우리가 얼굴을 찾을 때까지》*Till We Have Faces*

정말 대단한 것은 모든 달갑잖은 일을 '내' 삶이나 '진짜' 삶의
방해거리로 여기지 않는 것이네. 그럴 수만 있다면 말일세.
사실은 그런 '방해거리'야말로 하나님이 하루 단위로 우리에게
보내 주시는 진짜 삶이거든. 반면 흔히 말하는 '진짜 삶'은
우리가 지어내는 허깨비일 뿐이야.
The Letters of C. S. Lewis to Arthur Greeves(아서 그리브즈에게 보낸 C.
S. 루이스 서한집)

난생처음 내게 이런 생각이 번쩍 떠올랐다. 우리 주위에 정말
경이로운 일이 가득할지도 모르고, 눈에 보이는 세계는 내
어쭙잖은 신학 너머의 거대한 세계를 가리고 있는 휘장에
불과할지도 모른다는 생각이다. 이때부터 생겨나 이따금씩
나를 몹시 괴롭힌 갈망이 있는데, 바로 있는 그대로의 초자연
세계에 대한 갈망이다. 오컬트에 대한 열망이다. 누구에게나
있는 병은 아니지만, 이 병을 앓는 사람은 내 말뜻을 알
것이다. 내 소설에 담아내려고도 해 본 이것은 영적 정욕이다.
육신의 정욕처럼 이 또한 세상의 다른 모든 일에 흥미를 잃게
하는 치명적 위력이 있다. 사람들이 마술사가 되는 것도 아마
권력 욕구보다는 이 열망 때문일 것이다.

《예기치 못한 기쁨》*Surprised by Joy*

오늘날 교육 분야에서 우리가 가장 힘써야 할 일은 가르치는
과목 수를 줄이는 것이다. 어차피 스무 살까지의 짧은 기간에
팔방미인이 될 수 있는 사람은 없다. 그렇다고 열 가지도 넘는
과목을 아이에게 대충이라도 하도록 강요한다면 이는 그의
기준을 망가뜨리는 것이고, 어쩌면 그 후유증이 평생 갈 수도
있다.

《예기치 못한 기쁨》*Surprised by Joy*

물이 있기에 목이 마르듯이 우리의 의문도 진리가 있기에
생겨나는 것이지요.
《천국과 지옥의 이혼》*The Great Divorce*

내 생각에 이성은 본래 진리의 기관(器官)이고 상상은 의미의
기관이다. 새로운 은유를 만들어 내거나 기존의 은유에
생명을 더해 주는 상상은 진리의 원인이 아니라 진리의
조건이다.
'Bluspels and Flalansferes: A Semantic Nightmare'(의미론의 악몽),
Rehabilitations(재활)

생각과 말과 느낌과 상상은 이미 충분했고 이제 행동해야 할
때였다.
《예기치 못한 기쁨》*Surprised by Joy*

용기는 그저 여러 덕목 가운데 하나가 아니야. 시험이 닥쳐올 때 즉 현실의 극한 상황에서, 모든 덕목이 용기라는 형태로 나타나는 것이지.

《스크루테이프의 편지》*The Screwtape Letters*

이미 나는 문학 비평 경험이 워낙 많아서 성경의 복음서를 신화로 볼 수는 없었다. 복음서에는 신화의 요소가 없다. 그런데 기교 없이 역사로 제시된 복음서 내용은 … 정확히 모든 위대한 신화의 내용이다. 신화가 사실이 되어 성육신한 적이 있다면, 바로 이와 같을 것이다. … 모든 역사를 통틀어 오직 이때만 신화가 정말 사실이 되었다. 말씀이 육신이 되셨고 하나님이 인간이 되셨다. 이것은 '종교'도 아니고 '철학'도 아니다. 종교와 철학 모두의 요체이자 현존이다.

《예기치 못한 기쁨》*Surprised by Joy*

나는 내 눈만으로 부족하기에 타인의 눈으로 볼 것이다.
여러 사람의 눈으로 보더라도 현실만으로는 부족하기에
타인이 지어낸 허구의 세상도 볼 것이다. … 문학적 경험은
개성이라는 특권을 훼손하지 않으면서도 그 개성이 입은
상처를 치유해 준다. … 훌륭한 문학을 읽으면 나는 천의
인물이 되면서도 여전히 나로 남아 있다. … 〔이렇게 문학을 통해
다양한 세계관을 접하지 않으면〕 아무리 선하고 똑똑한 사람도
우물 안 개구리에 불과하다. 그 안에서 우리는 질식할 수밖에
없다. 자신으로만 만족하는 사람은 감옥에 갇혀 결국 하나의
자아보다도 작아진다.
《오독: 문학 비평의 실험》*An Experiment in Criticism*

무엇이든 다양한 관점에서 볼 수 있지만 답을 알고 나면 늘
하나의 관점만 남지요.
《그 가공할 힘》*That Hideous Strength*

온 우주에 너무 거대한 글자로 쓰여 있어 우리 중 더러는
보지 못하는 이야기가 있는데, 사실은 그 똑같은 이야기를
소문자로 바꾸어 말하면 바로 기적이다.
《피고석의 하나님》*God in the Dock*

신화에서 당신에게 흘러드는 것은 진리가 아니라
실재다(진리는 늘 무언가를 가리켜 보이는 손가락이지만, 실재는 그
손가락이 가리켜 보이는 대상이다).
《피고석의 하나님》*God in the Dock*

거룩한 곳은 어두운 곳이기도 하다. 거기서 우리가 얻는 것은
지식과 말이 아니라 생명과 힘이다. 거룩한 지혜는 물처럼
맑고 묽은 게 아니라 피처럼 진하고 어둡다.
《우리가 얼굴을 찾을 때까지》*Till We Have Faces*

기독교의 핵심은 신화면서 또한 사실이다. 신이 죽는다는
오랜 신화가 하늘의 전설과 상상에서 이 땅의 역사로
내려왔으나 여전히 신화인 채로다. 그 일은 특정한 시기에
특정한 장소에서 발생했고, 분명한 역사적 결과가 뒤따랐다.
이제 우리는 언제 어디서 죽었는지 아무도 모르는 발데르나
오시리스 같은 신을 벗어나, 본디오 빌라도 치하에서 (일정한
절차를 따라) 십자가에 못 박히신 실존 인물에게로 옮겨 간다.
이것은 사실이 되었지만 그렇다고 이제 신화가 아닌 것은
아니다. 그래서 기적이다. 진정한 그리스도인이 되려면
역사적 사실을 수용할 뿐 아니라(이제는 사실이 된) 이 신화도
다른 모든 신화처럼 상상력을 동원해 받아들여야 한다.

《피고석의 하나님》*God in the Dock*

현대 교육자의 사명은 밀림의 나무를 베는 것이 아니라
사막에 물을 대는 것이다.

《인간 폐지》*The Abolition of Man*

내 상상의 삶은 그런 상태였고 그 반대편에 내 지성의 삶이
놓여 있었다. 내 뇌의 두 반구는 완전히 극과 극이었다.
한쪽에는 시와 신화의 바다에 많은 섬이 떠 있었고, 다른
쪽에는 얄팍하고 말뿐인 '합리주의'가 있었다. 내가 사랑하는
거의 모든 것을 상상이라 믿었고, 내가 현실이라 믿는 거의
모든 것을 우울하고 무의미하게 여겼다.

《예기치 못한 기쁨》*Surprised by Joy*

당신이 무엇을 보고 듣는지는 다분히 당신이 어느 입장에 서
있는지에 달려 있다. 또한 당신이 어떤 부류의 사람인지에
달려 있다.

《마술사의 조카》*The Magician's Nephew*

내 생각에 현대 음악은 감정과 생각과 상상을 함께
표현하지만, 슈베르트나 베토벤 같은 옛 작곡가들은 순전한
감정을 표현했다. 알다시피 온종일 앉아서 일하거나 먹거나
걷거나 하다 보면 말로 표현할 수 없는 오만 가지 감정이
우리를 스쳐 간다. 그래서 나는 어떤 의미에서 음악이 최고의
예술이라 생각한다. 실제로 음악은 다른 예술이 손을 떼는
거기서부터 출발하기 때문이다.
《예기치 못한 기쁨》*Surprised by Joy*

우리는 자신의 존재를 확장하려 애쓴다. 자신 이상이 되기를
원한다. … 우리는 자신의 눈과 상상력과 마음으로만 아니라,
타인의 눈으로 보고 타인의 상상력으로 생각하고 타인의
마음으로 느끼기를 원한다. … 외부로 난 창을 갈구한다.
《오독: 문학 비평의 실험》*An Experiment in Criticism*

내가 너희를 위해 이 이야기를 썼다만
시작할 때 몰랐던 게 있다.
아이가 책보다 더 빨리 자라더라는 것이다.
그래서 너희는 동화를 읽기에는 이미 너무 컸고,
이 이야기가 책이 되어 나올 때쯤에는 더 자라 있을 것이다.
그러나 언젠가 너희도 어른이 되어
동화를 다시 읽을 날이 올 것이다.
그때 책장 꼭대기 칸에서 이 책을 꺼내 먼지를 털고 읽고 나서
내게 소감을 들려주렴.
아마 나는 귀가 어두워져 너희의 말을 듣지 못하거나
너무 늙어 하나도 알아듣지 못하겠지만,
여전히 너희의 다정한 대부
C. S. 루이스로 남아 있을 것이다.

《사자와 마녀와 옷장》*The Witch and the Wardrobe*

The Consolation of Friendship

Part 6

✦ 최고의 선물, 우정 ✦

하나님이 맺어 주신 친구,
서로의 영혼을 밝혀 주다

지금까지 내 행복의 주된 원천은 우정이었고, 그냥 아는
사이나 의례적 관계는 늘 내게 별 의미가 없었다. 그런데
인간은 왜 참된 친구가 되지도 못할 아주 많은 사람을 알려고
하는지 모르겠다.
《예기치 못한 기쁨》*Surprised by Joy*

철학과 예술과 우주 자체(하나님이 우주를 꼭 창조하실 필요는
없었다)처럼 우정도 꼭 필요한 것은 아니다. 우정이 우리
생존에 기여하는 가치는 없다. 하지만 우리 생존에 가치를
부여하는 것들 가운데 하나다.
《네 가지 사랑》*The Four Loves*

우정은 한 사람이 다른 사람에게 "뭐라고! 너도 그렇다고?
나만 그런 줄 알았는데"라고 말하는 순간에 싹튼다.
《고통의 문제》*The Problem of Pain*

우리는 친구를 자신이 택했다고 생각한다. 실제로 나이가
몇 살만 더 차이 나거나 서로의 집이 몇 킬로미터만 더
떨어져 있거나 다른 대학에 들어갔거나 … 첫 만남 때 하필
거론하거나 거론하지 않은 주제가 달랐다면, 이런 우연이
하나만 작용했어도 우리는 친구로 맺어지지 않았을 수도
있다. 그러나 엄밀히 말해서 그리스도인에게는 우연이 없다.
눈에 보이지 않게 우리를 맺어 주는 분이 계신다.
제자들에게 "너희가 나를 택한 것이 아니요 내가 너희를
택하여"라고 말씀하신 그리스도께서 모든 그리스도인 친구들
그룹을 향해서도 "너희가 서로를 택한 것이 아니요 내가
서로를 위해 너희를 택하여"라고 참으로 말씀하실 수 있다.
우정은 서로를 알아보고 찾아내는 우리의 안목이 뛰어나서
주어지는 보상이 아니다. 우정은 하나님이 다른 사람들의
아름다움을 우리 각자에게 계시해 주시는 도구다.

《네 가지 사랑》*The Four Loves*

온전한 우정의 경우 … 감사하는 사랑이 대체로 워낙 깊고
또 그 사랑이 아주 든든히 떠받치기 때문에, 누구든 친구들
앞에서 마음 깊이 겸손해진다. 어떻게 내가 이렇게 훌륭한
친구들 사이에 끼게 되었나 싶을 때도 있다. 이런 우정은
무한한 행운이며, 친구들이 함께 모여 있을 때는 특히 더하다.
각자 나머지 친구들의 가장 뛰어나거나 지혜롭거나 재미있는
모습을 이끌어 내기 때문이다. 그야말로 황금 같은 시간이다.
힘든 하루를 보낸 후 너덧 명이 우리 숙소로 와서 음료수를
옆에 놓고 슬리퍼를 신은 발을 난로에 뻗은 채 이야기를
주고받노라면 마음속에 온 세상과 그 세상 너머의 무엇이
열려 온다. 아무도 다른 사람에게 요구할 것이나 의무를 질
것이 없으며, 모두가 대등한 자유인이다. 마치 한 시간 전에
처음 만난 것 같으면서도, 세월에 무르익은 애정이 우리를
감싼다. 삶, 자연적 삶이 줄 수 있는 선물 중에 이보다 더 좋은
것은 없다. 누군들 이것을 당연히 여길 수 있겠는가?

《네 가지 사랑》*The Four Loves*

지금까지 내 마음에 가장 잘 맞는 세계관은 '우리 둘'이나 '우리
몇'('행복한 몇'이라는 뜻이다)이서 함께 더 크고 강한 무언가에
맞서는 것이다.
《예기치 못한 기쁨》*Surprised by Joy*

내 친구들 안에는 각각 다른 친구만이 온전히 이끌어 낼 수
있는 무엇이 있다. 나 혼자는 너무 작아서 전인(全人)을 불러내
활동하게 할 수 없다. 상대의 모든 면을 드러내려면 나 말고도
다른 빛들이 필요하다. … 그래서 참된 우정은 질투와는 가장
거리가 먼 사랑이다. 두 친구는 세 번째 친구가, 세 친구는 네
번째 친구가 새로 더해지는 것을 기뻐한다. 상대가 진정한
친구의 자격만 갖추었다면 말이다. 그래서 그들은 단테의
작품 속에 나오는 복된 영혼들처럼 "우리의 사랑을 풍성하게
해 줄 사람이 왔구나"라고 말할 수 있다.
이 사랑은 '나누어도 줄어들지 않기' 때문이다.
《네 가지 사랑》*The Four Loves*

복된 성찬 다음으로 당신이 오감으로 접하는 가장 거룩한
대상은 당신의 이웃이다.

《영광의 무게》*The Weight of Glory*

친구란 본래 서로에게 매몰되지 않는다. 우정은 그림을
그리고, 항해하고, 기도하고, 철학하고, 어깨를 나란히 하여
싸우는 등 무언가를 함께 할 때 싹튼다. 친구는 같은 방향을
바라본다.

《현안: 시대 논평》, "평등" *'Equality', Present Concerns*

우리가 살고 있는 이 세상은 참으로 고독과 침묵과 사생활
보호에 굶주려 있고, 따라서 묵상과 참된 우정에도 굶주려
있다.

《영광의 무게》*The Weight of Glory*

첫 번째는 당신의 분신 같은 친구다. (실패를 무릅쓰고) 마음을
열어 자신의 가장 은밀한 즐거움을 모두 나누려는 사람은
세상에 당신뿐이 아니며, 이 사실을 당신은 그를 통해 처음
알게 된다. 이런 사람과 친구가 되는 데는 아무런 걸림돌도
없다. 그와 당신은 창문에 떨어지는 빗방울처럼 잘 섞인다.
반면에 두 번째 친구는 매사에 당신과 뜻이 맞지 않는
사람이다. … 물론 그 친구와 당신도 공통 관심사가 있기는
하다. 그렇지 않고는 아예 친구가 되지도 않았을 테니 말이다.
하지만 그는 그 모두에 접근하는 각도가 다르다. 좋은 책을
읽고도 매번 엉뚱한 것만 건져 낸다. … 어떻게 거의 맞을
듯하면서 항상 어긋날 수 있을까?
《예기치 못한 기쁨》*Surprised by Joy*

무언가를 함께 즐기거나 견디는 이들은 동지지만, 서로를
즐기거나 견디는 이들은 동지가 아니다.
《그 가공할 힘》*That Hideous Strength*

참된 친구의 그룹에서는 누구나 '나'라는 인격체로만 존재하며
다른 어떤 조건도 끼어들지 않는다. 아무도 다른 사람의 가정,
직업, 계층, 소득, 인종, 이력 따위에 전혀 개의치 않는다. 물론
결국 그런 것도 대부분 알려지지만 부수적일 뿐이다. 예화나
유추를 통해 또는 일화의 배경으로서 조금씩 드러날 뿐이지
그것 자체를 알기 위해서는 아니다. 이것이 우정의 위엄이다.
《네 가지 사랑》*The Four Loves*

누군가의 친구가 될 때 우리는 그 사람이 기혼인지 미혼인지
또는 생업이 무엇인지 아예 모르거나 개의치 않는다.
이 모두는 '무관한 사실'일 뿐이다. 그것이 정작 중요한 질문인
"당신도 나와 같이 동일한 진리를 보고 있는가?"와 무슨
상관이 있단 말인가?
《네 가지 사랑》*The Four Loves*

우정이야말로 최고의 재산이지. 분명히 내게는 우정이 삶의
주된 행복이라네. 내가 젊은 사람에게 거주지에 대해 한마디
조언해야 한다면 이렇게 말해 주겠네. "거의 모든 것을
희생해서라도 친구들과 가까운 곳에 살게."
The Collected Letters of C. S. Lewis(C. S. 루이스 서한집)

산책과 대화는 각기 아주 즐거운 일이지만 둘을 동시에 하는
것은 잘못이다. 바깥 세계의 소리와 정적을 말소리가 삼켜
버리기 때문이다. 게다가 대화에 거의 흡연이 따라붙다 보니
특히 후각으로는 자연을 느낄 수 없다. 함께 산책해도 되는
친구는 전원의 수많은 풍경을 느끼는 취향이 나와 똑같아서
눈빛을 교환하거나 걸음을 멈추거나 끽해야 팔꿈치로 살짝
치는 정도만으로도 서로 기쁨을 공유하고 있음을 확실히 알
만한 사람이어야만 한다.
《예기치 못한 기쁨》*Surprised by Joy*

인간이 자연스럽게 경험하는 사랑처럼 우정도 스스로 구원할
수 없다. 우정은 영적인 것이라서 우정을 해치려는 적은 더
교묘하다. 따라서 건강한 우정으로 남으려면 실제로 자연적
사랑의 경우보다 더 혼신의 힘을 다해 하나님의 보호를
구해야 한다. 참된 우정의 길이 얼마나 좁은지 생각해 보라.
우정은 흔히 말하는 '서로 치켜세우는 모임'이 되어서는 안
된다. 그러나 서로 치켜세우는 마음과 감사하는 사랑으로
충만하지 않다면 아예 우정이 아니다.

《네 가지 사랑》*The Four Loves*

우리의 유쾌함은 처음부터 서로를 진지하게 대해 온 사람들
사이에만 가능한 것이라야 한다(실제로 그래야 가장 유쾌하다).
즉 경박하거나 우월감을 품거나 주제넘어서는 안 된다.

《영광의 무게》*The Weight of Glory*

인간은 누구나 갈망을 가지고 태어난다. 어려서부터
늙어서까지 다른 모든 갈망의 이면에서 그리고 더 화려한
열망 사이의 모든 순간적 침묵 속에서 해마다 밤낮으로
그 갈망을 찾고 기다리며 귀를 기울인다. 평생 지속되는
모든 우정은 바로 그 갈망을 조금이라도(기껏해야 희미하고
불확실하지만) 공유한 타인을 마침내 만나는 순간에 싹트지
않을까? 당신의 갈망은 아직 이루어지지 않았다. 여태
당신의 영혼을 깊이 매료했던 모든 것은 그 갈망의 그림자에
불과했다. 감질나게 어른거리는 영상, 끝내 이루어지지 않은
약속, 귀에 잡히려던 순간에 스러져 간 메아리였다. 그러나
그것이 정말 또렷해진다면, 즉 메아리가 스러지지 않고
어엿한 소리로 커진다면, 당신은 그것을 알아보고 의심의
여지 없이 이렇게 말할 것이다. "드디어 나타났구나. 나는
이것을 위해 지음받았구나."

《고통의 문제》*The Problem of Pain*

우정은 (옛사람들도 보았듯이) 덕의 학교일 수 있으나 (그들은 보지
못했지만) 악의 학교일 수도 있다. 우정의 이런 양면성 때문에
선한 사람은 더 선해지고 악한 사람은 더 악해진다.
《네 가지 사랑》*The Four Loves*

어떤 시인이 말하지 않았던가요? 고귀한 친구는 최선의
선물이고 고귀한 원수는 차선의 선물이라고 말이지요.
《마지막 전투》*The Last Battle*

우정은 둘이 서로를 알아보고 비전을 공유할 때 싹튼다. 그
과정은 몹시 힘들고 유난히 어설플 수도 있고, 신기할 정도로
일사천리일 수도 있다. 우정이 싹트는 순간 두 사람은 망망한
고독 속에 함께 들어선다.
《네 가지 사랑》*The Four Loves*

하나님의 율법에 나타난 그분의 생각은 질서 있고 아름답다.
인간이 할 일은 일상생활 속에서 최대한 그것을 닮아 가는
것밖에 더 있겠는가?

《시편 사색》*Reflections on the Psalms*

사랑하는 배우자도 당신의 기존 친구들과의 우정 속으로
깊이, 참으로, 자진해서 들어갈 수 있다. 에로틱한 사랑을
이보다 더 풍요롭게 하는 것은 없다. 그러면 '우리 둘'이
에로틱한 사랑으로 연합할 뿐 아니라, 우리 셋이나 넷이나
다섯이 모두 공통의 비전을 품고 동일한 것을 추구하는
길동무가 된다.

《네 가지 사랑》*The Four Loves*

지주〔하나님〕께서 우리 마음을 시간과 공간, 다른 누구도 아닌
특정한 친구, 온 땅보다 어느 한 지역과 이토록 긴밀하게
결속시키신 데는 분명히 그만한 이유가 있지요.

《순례자의 귀향》*The Pilgrim's Regress*

마음이 통하지 않는 무리 속에 홀로 있으면 내 견해와 기준에
대해 자신이 없어진다. 내 생각을 입 밖에 내기가 조금은
부끄럽고, 심지어 정말 옳은지 반신반의하게 된다. 그러나
내 친구들 속으로 돌아가면, 그 똑같은 견해와 기준이
반시간이나 불과 10분 만에 다시 확고해진다. 친구들 속에
있으면 이 작은 무리의 견해가 수많은 외부인의 견해를
압도한다. 우정이 공고해지면 친구들과 멀리 떨어져 있을
때도 동일한 효과가 나타난다. 우리는 다 '자기 마음에 맞는'
친구들에게 평가받기를 원한다. 그들만이 내 생각을 제대로
알고, 그들만이 내가 십분 인정하는 기준으로 내 생각을
평가한다. 우리가 정말 탐내는 것은 그들의 칭찬이고 정말
두려워하는 것은 그들의 비난이다.

《네 가지 사랑》*The Four Loves*

당신이 자신의 방에 이르렀거든, 다른 문을 선택한 이들과
아직 복도에 있는 이들을 친절하게 대하라. 그들이 틀렸다면
그만큼 더 당신의 기도가 필요하다. 그들이 당신의 원수라면
당신은 주께서 명하신 대로 그들을 위해 기도해야 한다.
그것이 온 집안의 공동 규칙 가운데 하나다.

《순전한 기독교》*Mere Christianity*

우정은 영광스럽게도 천국 자체와 '비슷하게 가깝다.'
천국에서는 우리 각자에게 있는 하나님의 열매가 (아무도 능히
셀 수 없는) 허다한 복된 무리로 인해 배가된다. 그분을 보는
눈이 영혼마다 달라서 그 독특한 시각이 다른 모든 이들에게
확산되기 때문이다. 어느 옛 작가에 따르면, 그래서 이사야가
본 환상 속의 스랍들은 서로 "거룩하다 거룩하다 거룩하다"(사
6:3)라고 외치고 있다. 이렇듯 '하늘에서 내려온 떡'은 우리가
함께 나눌수록 더 풍성해진다.

《네 가지 사랑》*The Four Loves*

Reason to Hope

Part 7

✦ 소망의 근거 ✦

진퇴양난에 처해 절망한 우리를
하나님이 위로하시다

하나의 복을 잃으면 대개 전혀 생각지 못한 다른 복이 대신
주어진다.
Yours, Jack: Spiritual Direction from C. S. Lewis(당신의 벗, 루이스)

우리는 진퇴양난에 처해 있다. 즉 우주를 절대적 선이
지배하지 않는다면, 우리의 모든 노력은 결국 절망으로 끝날
수밖에 없다. 하지만 우주를 절대적 선이 지배한다 해도,
우리는 날마다 그 선을 대적하고 있으며 내일이라고 더
나아질 가능성도 없으니 우리의 사정은 역시 절망적이다.
… 하나님만이 우리의 위안이신데, 우리에게 가장 두려운
대상이기도 하다. 가장 필요한 그분을 가장 피하고 싶어진다.
《순전한 기독교》*Mere Christianity*

형편없는 기숙학교에서의 삶은 그런 면에서 그리스도인의
삶을 준비하는 좋은 장이다. 소망으로 살아가는 법을 가르쳐
주기 때문이다.
《예기치 못한 기쁨》*Surprised by Joy*

푸르른 골짜기를 찾아 그 위로 날아 지나가라. 길은 언제나
있게 마련이다.
《마술사의 조카》*The Magician's Nephew*

하나님의 도움을 구해야 한다. … 실패할 때마다 용서를 구한
뒤 일어나 다시 시도하라.
《순전한 기독교》*Mere Christianity*

당신이 할 일은 성공하는 게 아니라 바르게 사는 것이다.
바르게 살면 나머지는 다 하나님이 알아서 하신다.
Yours, Jack: Spiritual Direction from C. S. Lewis(당신의 벗, 루이스)

당신을 절망에서 구원해 줄 수 있는 것은 그리스도를 믿는
믿음뿐이다.
The Joyful Christian(기쁨에 찬 그리스도인)

과거는 얼어서 더는 흐르지 않지만 현재는 온통 영원한
빛으로 타오르고 있거든.
《스크루테이프의 편지》*The Screwtape Letters*

감정의 변덕에도 불구하고 당신의 이성이 이미 받아들인
것들이 있다. 믿음이란 바로 그것을 붙드는 일이다.
《순전한 기독교》*Mere Christianity*

아이들은 어차피 잔인한 적을 만날 소지가 있으니, 영웅 같은
용기를 발휘한 용감한 기사의 이야기를 최소한 미리 들어
보게 하라.
《이야기에 관하여: 문학 비평 에세이》*On Stories: And Other Essays on
Literature*

입을 다물고 눈과 귀를 열라. 거기에 있는 것을 받아들이고,
거기에 있을 수도 있었거나 다른 데 있는 것들은 생각하지
말라. 그런 것은 나중에, 그리고 꼭 필요하다면 오게 될
것이다. (아울러 여기서 주목할 것이 있다. 모든 선한 것을 위한 참된 훈련은
늘 그리스도인의 삶을 위한 참된 훈련의 전조이며, 그대로 따르기만 한다면
늘 후자에 도움이 된다.)
《예기치 못한 기쁨》*Surprised by Joy*

즐거움은 기억될 때만 충만한 것이다.
《침묵의 행성 밖에서》*Out of the Silent Planet*

당신이 어떻게 하든 그분은 그것으로 선을 이루신다. 하지만
당신이 순종했을 경우를 위해 그분이 예비해 두신
그 선은 아니다.
《페렐란드라》*Perelandra*

싫다고 발길질하고 몸부림치며 피할 기회를 찾아 사방을
두리번거리는 탕자에게도 사랑으로 문을 활짝 열어 주시는
하나님, 그분을 온전히 경배할 수 있는 사람이 있을까?
"사람을 강권해서 안으로 들인다"는 표현을 악인들이 하도
오용해서 우리도 기피하지만, 제대로 이해한다면 그 말 속에
하나님의 깊은 자비가 담겨 있다. 하나님의 엄하심이 사람의
관대함보다 더 자비롭고, 그분의 강권하심 덕분에 우리는
해방된다.
《예기치 못한 기쁨》*Surprised by Joy*

"아슬란, 그중에 배신자가 있어요." 마녀가 말했다. 물론
에드먼드를 가리키는 말임을 그 자리에 있는 모두가 알았다.
하지만 에드먼드는 그동안 있었던 모든 일과 그날 아침에
나눈 대화를 통해 이미 자책감에서 벗어나 있었다. 그래서
줄곧 아슬란만 바라보았다. 마녀의 말은 중요해 보이지
않았다.
《사자와 마녀와 옷장》*The Lion, the Witch and the Wardrobe*

최선을 다해 봐야지만, 최선을 다하고도 실패해 봐야지만,
우리는 절대 하나님의 율법을 지키지 못한다는 것을 깨달을
수 있다. 정말 애쓰지 않는다면, 말이야 어떻게 하든 늘 마음
한구석에 이런 생각이 남는다. "다음번에 더 열심히 하면
충분히 선해질 수 있을 거야." 그래서 하나님께로 돌이키는
길은 어떤 의미에서 점점 더 열심히 시도하는 도덕적 노력의
길이다. 그러나 다른 의미에서 보면, 그렇게 애쓴다고 해서
목적지에 도달하는 것이 아니다. 결국 모든 시도 끝에 우리는
결정적 고비에 다다라 하나님께 이렇게 고백한다. "하나님이
해 주셔야 합니다. 저는 못해요."

《순전한 기독교》*Mere Christianity*

빛들의 아버지이신 하나님의 도움이 없이는 어디서도 선을
행할 수 없다.

《시편 사색》*Reflections on the Psalms*

무신론은 알고 보면 너무 단순하다. 우주가 온통 허무하기만
하다면, 우리는 우주가 허무하다는 사실조차 깨닫지 못했을
것이다.
《순전한 기독교》*Mere Christianity*

사물이 존재한다는 단순한 사실 속에 위엄과 감동이 있다.
《영광의 무게》*The Weight of Glory*

진보란 자신이 가려는 곳에 더 가까워진다는 뜻이다.
그런데 길을 잘못 들었다면 아무리 전진해도 그곳에 조금도
가까워지지 않는다. 길을 잘못 든 사람에게 진보란
뒤로 돌아 바른길로 되돌아가는 것이다. 그 경우 일찍
돌아서는 사람일수록 가장 진보적인 사람이다.
《순전한 기독교》*Mere Christianity*

미처 몰랐던 그분의
아름답고 신기한 권능만이
문득 빛이나 소리나 형태의 다리를 놓아
모든 갈등과 폭풍에서 당신을 이끌어 낼 수 있다. …
그 한 순간이면 충분했다.
우리는 자신이 덧없는 존재가 아님을 알았다.
그래서 이후의 모든 시련,
타인의 증오와 바보의 야비한 웃음,
자연의 위세와 부정한 횡포를 견딜 수 있다.
바로 그분의 영광을 보았기에.

Spirits in Bondage(영혼의 굴레)

초자연은 멀리 있고 난해한 것이 아니라 호흡만큼이나
친숙하게 매일 매시간 경험하는 것이다.

《기적》*Miracles*

하나님께로 가는 진정한 여정에 오르려면 끊임없이 자연을
등져야 한다. 여명에 물든 들판을 지나 작고 좁은 교회로
들어가야 한다. … 그러나 자연을 사랑하는 마음은 으레
유용하다 못해 어떤 이들에게는 꼭 필요한 출발점이었다.

《네 가지 사랑》*The Four Loves*

요즘은 사람들이 잊고 있는 듯하다. 사해(死海) 사본 같은
기독교 이전의 … 문서에 우리 주님이 '예견되어' 있으면,
이로써 왠지 그분의 신빙성이 떨어진다고 생각한다. 그러면
그분이 프리드리히 니체처럼 새로운 윤리나 만들어 내는
싸구려 행상이라도 될 줄로 알았단 말인가! 유대교 안팎을
막론하고 모든 훌륭한 스승은 그분을 예견했다. 순기능의
측면만 보자면 기독교 이전 세계의 종교 역사 전체가 그분을
예견했다. 그럴 수밖에 없었다. 태초부터 각 사람을 비추신
빛이신 그분은 더 밝아지실 수는 있어도 변하실 수는 없다.
이미 기원이신 그분이 세속적 의미에서 갑자기 '신기원'이
되실 수는 없다.

《시편 사색》*Reflections on the Psalms*

구원받은 인류는 아직 어리다네. 힘을 최대한 발휘하기는
어렵지. 하지만 저 부인 같은 위대한 성인(聖人)의
새끼손가락에도 우주의 모든 죽은 것을 깨워 생명으로 인도할
만한 기쁨이 이미 충분히 담겨 있다네.
《천국과 지옥의 이혼》*The Great Divorce*

아슬란이 말했다. "너희는 아담 경과 하와 부인의 후손이다.
이는 가장 가난한 거지도 고개를 꼿꼿이 들 만큼의
영광이지만, 지상 최고의 황제도 어깨가 축 처질 만큼의
수치이기도 하다. 그러니 자족하라."
《캐스피언 왕자》*Prince Caspian*

Recognizing Sin

Part 8

하나님의 임재를 의식하고
매번 당면하는 악을 물리치다

선해지려고 안간힘을 써 보지 않고는 아무도 자신이 얼마나
악한지 모른다.
《순전한 기독교》*Mere Christianity*

도덕적으로 중립적인 것이라 해도 그것을 갈망하는 일은
위험할 수 있다.
《영광의 무게》*The Weight of Glory*

악은 망가진 선일 뿐이다.
《순전한 기독교》*Mere Christianity*

즐겁고 충성스러운 순종이 있으리라 상상도 하지 못하고 그
순종을 떳떳하고 당당하게 받아들일 줄 모르는 사람, 무릎을
꿇거나 고개를 숙이고 싶었던 적조차 없는 사람은 한심한
야만인이다.
《현안: 시대 논평》, "평등" ‘Equality’, *Present Concerns*

육신의 죄는 나쁘지만 모든 죄 가운데서 가장 덜 나쁘다.
최악의 쾌락은 다 순전히 영적인 것이다. 다른 사람을 곤경에
빠뜨릴 때의 쾌락, 군림하고 잘난 척하며 남의 흥을 깰 때의
쾌락, 험담과 권력과 혐오의 쾌락이 다 그렇다. 나는 겸손한
자아가 되려고 애쓰는데, 내 안에 그 자아와 싸우는 것이 두
가지 있다. 동물적 자아와 악마적 자아다. 그중 더 나쁜 것은
악마적 자아다. 그래서 매춘부보다 교회에 열심히 다니는
냉담하고 독선적인 위선자가 지옥에 훨씬 더 가까울 수 있다.
물론 위선자도 매춘부도 되지 않는 것이 가장 낫다.
《순전한 기독교》*Mere Christianity*

우리가 경험을 통해 '하나님의 임재를 연습하지' 못하면
오히려 하나님의 부재를 연습하게 된다. 점점 더 잘
모르겠다는 생각이 든다. 그러다 결국 자신이 큰 폭포
앞에서도 소리를 듣지 못하는 사람, 거울에 비추어도 얼굴이
보이지 않는 동화 속 인물, 눈앞의 물체에 손을 대도 감촉이
없는 꿈속의 사람처럼 느껴진다. 자신이 꿈꾸고 있음을
알려면 완전히 잠들어서는 안 된다.
《네 가지 사랑》*The Four Loves*

올해, 이번 달, 아마도 바로 오늘, 우리는 다른 사람들에게
기대하는 행동을 자신도 실천하지 못했다.
《순전한 기독교》*Mere Christianity*

나는 경영의 시대, '관리'의 세계에 살고 있다. 이제 최악의
악이 자행되는 곳은 디킨스가 즐겨 묘사한 더러운 '범죄의
소굴'이 아니다. 강제 수용소와 노동 교화소도 아니다. 그런
데서는 최종 결말이 훤히 보인다. 정작 최악의 악을 구상하고
명령하는(건의하고 재청하여 수행하고 문서화하는) 곳은 카펫이
깔리고 조명이 환하고 깨끗하고 훈훈한 사무실이다. 악의
주체는 손톱을 단정히 다듬고 수염을 말끔히 면도한 얌전한
화이트칼라이며, 그들은 굳이 언성을 높일 필요도 없다.
그래서 내가 생각하는 지옥의 상징은 당연히 경찰국가의
관료주의 같은 것 또는 부패할 대로 부패한 기업 사무실 같은
것이다.
《스크루테이프의 편지》*The Screwtape Letters*

마귀는 세상에 오류를 보낼 때 늘 서로 반대되는 것을 둘씩
짝지어 보낸다. 그러면서 늘 우리를 부추겨, 많은 시간을
들여 둘 중 어느 쪽이 더 나쁜지를 저울질하게 한다. 이유는
분명하다. 당신이 어느 한쪽을 더 싫어할 테니 그 반대쪽의
오류 속으로 당신을 서서히 끌어들이려는 것이다. 거기에
속아서는 안 된다. 목표점에서 시선을 떼지 말고 두 오류
사이를 똑바로 걸어가야 한다. 둘 중 어느 쪽에도 관심을
두어서는 안 된다.

《순전한 기독교》*Mere Christianity*

지옥행을 보장하는 길은 조금씩 서서히 앞으로 나아가게
되어 있는 것이다. 경사가 완만하고 바닥이 푹신하며, 급하게
방향을 바꿀 일도 없고, 이정표도 표지판도 없지.

《스크루테이프의 편지》*The Screwtape Letters*

이것은 마술사의 거래다. "네 영혼을 내놓으면 그 대신 권력을
주지." 그러나 일단 영혼 즉 우리 자신을 내주면, 권력이
주어져도 우리 것이 될 수 없다. 오히려 우리는 영혼을 내준
그 대상의 노예와 꼭두각시가 된다.
《인간 폐지》*The Abolition of Man*

우리 인류는 귀신들에 대하여 두 가지 대등하고도 상반된
오류에 빠질 수 있다. 하나는 귀신의 존재를 믿지 않는 것이고,
또 하나는 믿되 귀신에게 지나치고 해로운 관심을 품는
것이다. 귀신들은 이 두 오류를 똑같이 좋아하며, 유물론자와
심령술사를 똑같이 기쁘게 환영한다.
《스크루테이프의 편지》*The Screwtape Letters*

신중하고 현실적인 세상 염려, 심지어 그중 가장 작고
평범한 염려조차도 큰 방해거리가 된다. 그 어떤 열망이나
욕구보다도 더 자주 내 기도를 방해하는 것은 잠시 후에
해야 할 일에 대해 걷잡을 수 없이 밀려오는 사소한 불안과
결정이다.
《네 가지 사랑》*The Four Loves*

하나님을 논박한다는 것은 당신에게 논리력을 주신 바로 그
권세에 맞서는 것이다.

《순전한 기독교》*Mere Christianity*

그리스도인다우려면 변명의 여지 없는 죄를 용서해야 한다.
하나님도 변명의 여지 없는 당신의 죄를 용서하셨다.

Essays on Forgiveness(용서에 관한 에세이)

인류는 너무도 타락했기 때문에 누구에게도 동료 인간을
다스릴 절대 권력을 위임할 수 없다. 일부 사람의 노예근성을
지적한 아리스토텔레스의 말을 나도 반박할 수는 없다.
하지만 내가 노예 제도를 배격하는 이유는 노예주가 될 만한
사람이 없다고 보기 때문이다.

〈스펙테이터〉, "평등" 'Equality' in The Spectator

교만의 낙은 무언가를 소유하는 데 있지 않고 옆 사람보다
더 많이 소유하는 데 있을 뿐이다.

《순전한 기독교》*Mere Christianity*

하나님이 우리를 용서하신다면 우리도 자신을 용서해야 한다.
그렇지 않으면 우리가 그분보다 높은 재판관으로 행세하는
것이나 마찬가지다.
The Collected Letters of C. S. Lewis(C. S. 루이스 서한집)

모든 인간은 자신이 무엇으로 행세하든 결국 그 모습으로
변해 가는 경향이 있단다.
《스크루테이프의 편지》*The Screwtape Letters*

그분의 뜻을 벗어나면 정처 없이 헤맬 수밖에 없지요.
《페렐란드라》*Perelandra*

다들 용서가 멋진 생각이라고 말하지만 막상 자기가 용서할
일이 생기면 달라진다.
《순전한 기독교》*Mere Christianity*

지옥의 교리를 배격하는 모든 사람에게 답해 줄 말은 결국
이런 반문이다. "그러면 하나님이 어떻게 해 주셨으면
좋겠는가?" 그들의 지난 죄를 없애 주시고, 어떤 희생을
치르셔서라도 새 출발을 허락하시고, 모든 걸림돌을 치워
주시고, 온갖 기적으로 도움을 베푸셨으면 좋겠는가?
그거라면 그분이 갈보리 십자가에서 이미 해 주셨다. 그들을
용서해 주는 것인가? 용서받기를 거부한 쪽은 그들이다.
그렇다면 그들을 그냥 내버려두셨으면 좋겠는가? 안타깝게도
그분이 하시는 일이 바로 그것이다.

《고통의 문제》*The Problem of Pain*

하나님의 부르심은 우리를 더 선하게 만들거나 훨씬 악하게
만들거나 둘 중 하나다. 악인 중에서도 종교적 악인이야말로
최악이다. 모든 피조물 가운데 가장 사악한 자인 마귀는 본래
하나님 존전의 지척에 서 있던 자다.

《시편 사색》*Reflections on the Psalms*

우리는 자신의 일에는 걸핏하면 변명을 늘어놓으면서 타인의
변명은 여간해서 인정하지 않는다.
《영광의 무게》*The Weight of Glory*

마음이 청결한 자에게 그가 하나님을 볼 거라고 말해 주어도
무방한 이유는, 마음이 청결한 자만이 하나님을 보고 싶어
하기 때문이다.
《고통의 문제》*The Problem of Pain*

자신이 교만하지 않다고 생각하는 사람은 사실 아주 교만한
것이다.
《순전한 기독교》*Mere Christianity*

예수 그리스도는 이렇게 말씀하지 않으셨다. "온 세상에 나가
세상이 지극히 정상이라고 말하라."
《피고석의 하나님》*God in the Dock*

날마다 우리는 장엄하고 영광스러운 존재가 되어 가거나
상상을 초월할 만큼 끔찍한 존재가 되어 가거나 둘 중 하나다.
《순전한 기독교》*Mere Christianity*

우리는 신의를 비웃어 놓고는 혹시 배반자가 나오면
경악한다.
《인간 폐지》*The Abolition of Man*

우리 그리스도인의 행실이 좋지 못하거나 아예 나쁘면, 우리
때문에 바깥세상은 기독교를 믿기가 그만큼 힘들어진다.
《순전한 기독교》*Mere Christianity*

하나님 한 분 외에는 선한 이가 없네. 다른 것은 다 그분을
바라보면 선해지고 그분을 등지면 악해진다네.
《천국과 지옥의 이혼》*The Great Divorce*

오래전에 그리스도인 교사들이 내게 악인의 행동은 미워하되 악인은 미워하지 말라고 했던 말이 기억난다. 죄는 미워하되 죄인을 미워해서는 안 된다는 것이다. … 그때는 그 구분이 억지처럼 어이없어 보였다. 어떻게 행동을 미워하면서 그 행동의 주체를 미워하지 않을 수 있단 말인가? 그런데 세월이 흘러 깨닫고 보니 내가 평생 그렇게 대해 온 사람이 한 명 있었다. 바로 나였다. 내 비겁함이나 교만이나 탐욕이 아무리 미워도 나 자신은 계속 사랑한 것이다. 전혀 힘들이지 않고서 말이다. 그런 행동을 미워한 이유도 사실은 나를 사랑했기 때문이다. 자신을 사랑했기에 자신이 그렇게 행동하는 존재라는 사실이 슬펐던 것이다.

《순전한 기독교》*Mere Christianity*

내 생각에 삶의 요령은 악을 당면할 때마다 최대한 잘 물리치는 데 있다.

《영광의 무게》*The Weight of Glory*

이상하게 우리는 시간만 흐르면 자신의 죄가 사라진다고
착각한다. 하지만 죄 자체도 그 죄에 대한 책임도 시간이
지난다고 해서 달라지지 않는다.

《고통의 문제》*The Problem of Pain*

Finding God

Part 9

하나님이 설계하신 인생,
하나님을 만나 제대로 살아가다

혹시 잊고 있을지 모르지만, 매 순간 당신은 전적으로
하나님께 의존해 있다.

《순전한 기독교》*Mere Christianity*

"나는 예수를 위대한 도덕적 스승으로는 받아들일 마음이
있지만 자신이 하나님이라고 주장하는 것은 받아들이지
않는다." 이제 나는 아무도 이런 말을 하지 못하게 막고자
한다. 이거야말로 절대로 할 수 없는 말이다. 한낱 인간이
예수께서 말씀하신 대로 말한다면, 그는 위대한 도덕적
스승일 수 없다. 그는 자신이 계란 반숙이라고 주장하는
사람만큼이나 미치광이거나 아니면 지옥의 마귀일 수밖에
없다. 이제 당신은 마음을 정해야 한다. 이 사람 예수는
그때도 지금도 하나님의 아들이거나, 아니면 정신이상자
내지 그보다도 못한 존재다. 당신은 그를 바보 취급하며 입을
다물게 할 수도 있고, 귀신이라고 침 뱉으며 죽일 수도 있다.
아니면 그의 발밑에 엎드려 주님이요 하나님이라고 고백할
수도 있다. 하지만 그분이 위대한 스승이라는 말도 안 되는
선심만은 쓰지 말라. 그분은 우리에게 그런 가능성을 남겨
두지 않으셨고 그럴 의도도 없었다.

《순전한 기독교》*Mere Christianity*

날마다 난생처음인 양 하나님을 다시 의지해야 한다.
The Collected Letters of C. S. Lewis(C. S. 루이스 서한집)

어느 화창한 날 아침에 버스를 타고 윕스네이드 동물원으로 향했다. 출발할 때만 해도 나는 예수 그리스도가 하나님의 아들이라고 믿지 않았는데, 동물원에 도착했을 때는 믿고 있었다. 그렇다고 가는 동안 딱히 생각에 잠긴 것도 아니고 감정이 격해지지도 않았다. 중요한 사건일수록 '감정'이란 단어가 어울리지 않는 표현일 때가 있다. 오히려 마치 긴 잠에서 깨어난 사람이 여전히 침대에 가만히 누운 채로 자신이 깨어났다는 사실을 인식하는 순간과 같았다.
《예기치 못한 기쁨》*Surprised by Joy*

교만한 사람은 늘 사물과 사람을 내려다보는데, 그렇게 내려다보는 한, 당연히 자기보다 위에 있는 것은 보이지 않는다.
《순전한 기독교》*Mere Christianity*

"나는 하나님이 선하시다는 것을 알기 때문에 그분이 두렵지
않아." 사람들은 무슨 뜻으로 이렇게 말하는 것일까? 치과에
가 본 적이 없단 말인가?
《헤아려 본 슬픔》*A Grief Observed*

하나님께 또는 내가 생각하는 하나님께 접근할 때 내게는
사랑과 경외하는 마음은커녕 두려움조차 없었다. 이 기적을
내 머릿속에 그려 볼 때도 하나님은 구주나 심판자가 아니라
그냥 마술사처럼 보였다. 꼭 하실 일만 하시고는 그냥 떠나실
것처럼 생각됐다. 이 엄청난 만남을 내가 자청해 놓고도,
그 결과가 현 상태로 복귀하는 것 이상이리라고는 꿈에도
생각하지 못했다.
《예기치 못한 기쁨》*Surprised by Joy*

그리스도인의 경험과 그냥 상상으로 하는 경험이 서로 비슷한
것은 우연이 아니다. 내 생각에 모든 것은 나름대로 천국의
진리를 반사하며, 상상은 특히 더하다. '반사한다'는 단어가
중요하다. 상상 속의 삶은 그보다 차원이 높은 영적 삶의
출발점이나 영적 삶으로 가는 단계가 아니라 심상일 뿐이다.
《예기치 못한 기쁨》*Surprised by Joy*

주님, 왜 답을 주시지 않는지 이제 알겠습니다. 바로 주님이
답이십니다. 주님의 얼굴 앞에서 의문은 자취를 감춥니다.
달리 무슨 답으로 족하겠습니까? 오직 말씀뿐입니다. 말씀이
우리를 이끌어 내 다른 말들에 맞서 싸우게 합니다.
《우리가 얼굴을 찾을 때까지》*Till We Have Faces*

인류 역사는 인간이 하나님 아닌 다른 데서 행복을 찾으려 한
길고도 비참한 이야기다.
《순전한 기독교》*Mere Christianity*

절대자에 대한 증거는 우리에게 두 가지가 있다. 하나는
그분이 지으신 우주다. 이것 하나만 단서로 취하면, 그분이
위대한 예술가시지만(우주가 아주 아름다운 곳이므로) 또한
인간에게 우호적이지 않은 무자비한 분이라고(우주가 아주
위험하고 무서운 곳이므로) 결론지어야 할 것이다. ⋯ 또 다른
증거는 그분이 우리의 생각 속에 심어 놓으신 도덕법이다.
이것이 전자보다 더 좋은 증거다. 내부 정보라서 그렇다. 우주
전반보다 도덕법을 통해 하나님을 더 많이 알 수 있다. 그
사람을 더 잘 알려면 그가 지은 집을 보기보다 그와 대화를
나눠 봐야 하는 것과 같다.
《순전한 기독교》*Mere Christianity*

그런 사람은 이전에도 있었다네. … 그들은 하나님의 존재를
입증하는 데 열중한 나머지 그분 자신에 대해서는 전혀
관심이 없었어. … 마치 선하신 주님께서 하실 일이라고는
그저 존재하시는 것밖에 없다는 듯이 말일세! 또 어떤 이들은
기독교를 전파하는 데 몰두한 나머지 정작 그리스도에
대해서는 생각조차 한 적이 없었네.

《천국과 지옥의 이혼》*The Great Divorce*

하나님은 우리를 창조하셨다. 인간이 엔진을 만들듯이
우리를 만드셨다. 자동차는 기름으로 작동하게 돼 있어 다른
것으로는 제대로 굴러가지 않는다. 하나님이 설계하신 인간은
그분으로만 작동하게 돼 있다.

《순전한 기독교》*Mere Christianity*

무엇 하나 부족한 것이 없으신 하나님이 굳이 우리를 필요로
하신 것은 우리가 누군가에게 필요한 존재가 되어야 하기
때문이다.
《고통의 문제》*The Problem of Pain*

그리스도인은 살아 역동하는 하나님의 사랑이 온 세상을
창조했고 영원히 그분 안에서 역사한다고 믿는다. 아마도
이것이 기독교와 다른 모든 종교의 가장 중요한 차이일
것이다. 기독교의 하나님은 비인격체나 정물(靜物)이 아니며
한 인격에 불과한 존재도 아니다. 그분은 펄펄 뛰는 활동이고,
생명이며, 거의 일종의 드라마다. 이런 표현이 불경하지
않다면 춤이라고도 할 수 있다. … 삼위일체 하나님의 삶의
모형은 … 실재의 한복판에서 에너지와 아름다움을 뿜어내는
거대한 분수다.
《순전한 기독교》*Mere Christianity*

하나님은 모든 영혼에게 첫사랑처럼 보일 것이다. 실제로
우리의 첫사랑이기 때문이다.
《고통의 문제》*The Problem of Pain*

하나님이 우리 한 사람 한 사람에게 베푸시는 관심은
그야말로 무한하다. 당신은 마치 그분이 창조하신 유일한
존재인 양 그분을 독대하는 것이다.
《순전한 기독교》*Mere Christianity*

우리는 꼭 비행사가 낙하산을 대하듯 하나님을 대한다.
비상시에 대비해 낙하산을 마련해 두긴 하지만 비행사는
낙하산을 쓸 일이 없기를 바란다.
《고통의 문제》*The Problem of Pain*

정신이상자가 독방 벽에 '어둠'이라고 끼적여도 해가 빛을
잃지 않듯이, 인간이 하나님을 예배하지 않아도 그분의
영광은 조금도 줄어들지 않는다.
《고통의 문제》*The Problem of Pain*

사랑의 하나님께 이대로의 우리 모습에 만족하실 것을
요구한다면, 그것은 하나님이기를 중단하라는 요구와 같다.
하나님이 하나님이신 이상 현재 우리의 성품 가운데 어떤
오점이 필연적으로 그분의 사랑을 가로막고 거부할 수밖에
없다. 게다가 그분은 이미 우리를 사랑하시기에 어떻게든
우리를 사랑스러운 모습으로 빚으셔야 한다. … 우리가 말하는
지금 여기의 '행복'은 하나님이 생각하시는 주목표가 아니다.
그러나 우리가 하나님이 막힘없이 사랑하실 만한 모습으로
변화되면, 실제로 우리는 행복해질 것이다.
《고통의 문제》*The Problem of Pain*

하나님은 자신을 떠나서는 우리에게 행복과 평안을 주실
수 없다. 그런 것은 존재하지 않는다. 없는 것을 어떻게
주시겠는가.
《순전한 기독교》*Mere Christianity*

하나님의 임재를 무시할 수는 있을지 몰라도 피할 수 있는
곳은 없네. 세상은 그분으로 충만하지. 그분은 자신을 숨긴
채로 어디에나 다니신다네.
《개인 기도》*Letters to Malcolm: Chiefly on Prayer*

하나님이 좋은 세상을 창조하시는 데는 우리가 알기로 아무런
희생도 따르지 않았지만, 인간의 반항하는 의지를 되돌리시기
위해서는 십자가에서 죽으셔야 했다.
《순전한 기독교》*Mere Christianity*

우리가 보기에 최악인 것 같은 기도가 하나님이 보시기에는
오히려 최선의 기도일 수도 있어. 경건한 감정이 좀처럼
떠받쳐 주지 않는 그런 기도 말일세. 이런 기도는 감정보다
깊은 차원에서 비롯한다네. 때로 하나님은 불시에 우리에게
가장 친밀하게 말씀하시는 듯해.
《개인 기도》*Letters to Malcolm: Chiefly on Prayer*

그리스도는 마치 세상에 사람이라고는 당신 하나밖에 없는
것처럼 당신이라는 개인을 위해 죽으셨다.
《순전한 기독교》*Mere Christianity*

우리가 흙먼지를 인식할 때 하나님이 우리 안에 가장 가까이
임재하십니다. 그 자체가 그분이 임재하신다는 징후이지요.
The Collected Letters of C. S. Lewis(C. S. 루이스 서한집)

우리의 감정은 있다가도 없어지지만 우리를 향한 그분의
사랑은 그렇지 않다.
《순전한 기독교》*Mere Christianity*

자연을 스승으로 삼으면 자연은 당신이 이미 배우기로 작정한
교훈만 가르쳐 줄 것이다. 다시 말해서 자연은 가르치지
않는다. 자연을 스승으로 삼으려는 성향은 당연히 소위
'자연을 사랑하는' 경험에 접붙여지기 일쑤다. 그러나 이는
접붙임일 뿐이다. 자연의 '기분'과 '정기'는 우리가 실제로
거기에 지배당하기는 하지만, 도덕과는 무관하다. 주체할
수 없는 환희, 감당하기 벅찬 웅장함, 침울한 적막감 등이
당신 앞에 내던져질 뿐이다. 굳이 해석해야겠거든 그야
당신의 자유다. 자연이 발하는 명령은 "보라. 들으라. 주의를
기울이라"라는 것뿐이다. … 참된 철학은 때로 자연에 대한
경험을 확증해 줄 수 있으나, 자연을 경험한 것으로 철학이
확증될 수는 없다.

《네 가지 사랑》*The Four Loves*

하나님이 자연을 창조하셨다는 말은 자연이 허상이 아니라
엄연히 실재라는 뜻이다. 하나님의 창의력이 셰익스피어나
찰스 디킨스보다 못할 리가 있겠는가? 그분의 피조물은
치밀하게 창조되어, 폴스타프나 샘 웰러(각각 셰익스피어와
디킨스의 작중 인물 - 옮긴이)보다 훨씬 더 구체적이다. … 하나님의
창조의 자유는 시인의 자유와도 같아서, 그 자유로 그분은
각 피조물을 일관되고 확실하면서도 저마다 고유한 특색을
지닌 존재로 창조하신다. … 시간과 공간의 차원, 식물의
죽음과 부활, 다양한 유기체의 조화, 남녀의 연합, 올가을
헤리퍼드셔에서 따게 될 사과 한 알 한 알의 색깔 등이 그저
억지로 땜질된 일련의 유용한 장치일 뿐이라고 생각한다면
이는 비참한 오류다. 그 모두는 그들 개체의 언어이고, 얼굴
표정이며 냄새와 맛이다. 그 모든 것 속에 자연의 속성이 배어
있다. 라틴어의 모든 어미 변화에 라틴어의 특징이 담겨 있고,
화가 코레조의 모든 붓놀림 속에 코레조만의 작풍이 스며
있는 것과 마찬가지다.

《기적》*Miracles*

이 이야기의 주제는 죽음과 부활이다. 우리에게 보는 눈이
있을진대 그 주제가 책장마다 암시되어 있고, 도처에서
변장한 모습으로 우리를 맞이한다. 심지어 푸성귀처럼 사소한
등장인물(푸성귀가 사소한 등장인물이라면)의 대화를 통해서도
그렇게 속삭이곤 한다.

《기적》*Miracles*

하나님보다 더 영적인 존재가 되려는 노력은 부질없다.
하나님은 애초에 인간을 영적인 존재로만 지으실 뜻이
없었다. 그래서 빵과 포도주 같은 물질을 통해 우리 안에
새 생명을 불어넣어 주신다. 우리 눈에는 그게 영적이지
못하고 조잡해 보일지 모르지만 하나님의 생각은 다르다.
그분은 식생활을 창조하신 분이다. 물질을 좋아해 물질을
고안하신 분이다.

《순전한 기독교》*Mere Christianity*

동일한 사물이나 사건이 순서상 처음이면서 또한 나중일 수도
있고, 위계가 가장 높으면서 동시에 가장 낮을 수도 있다.
남녀 파트너는 춤의 악장에 따라 서로 절을 주고받는다.
곧 한 동작에서 상대에게 절하고 나면 그다음 동작에서는
절을 받는다. 높아지거나 중심에 설수록 끊임없이 내려와야
하고, 낮아질수록 높임을 받는다. 모든 훌륭한 주인은
종이기도 하며, 하나님조차 인간의 발을 씻어 주신다.

《기적》*Miracles*

어떤 것을 찾아 얻었는데도 만족이 없다면 그것은 우리가
갈망하던 것이 아니었다는 뜻이다.

《순례자의 귀향》*The Pilgrim's Regress*

'비인격 신' - 이거라도 다행이다. 우리 머릿속에 들어
있는, 진선미의 주관적 신 - 이게 그보다는 낫다. 우리
속을 관통하는 무형의 생명력, 우리가 받아 누릴 수 있는
거대한 능력 - 그중 제일 낫다. 그러나 살아 계셔서 역사를
주관하시는 하나님, 어쩌면 무한대의 속도로 다가오시는
사냥꾼, 왕, 남편 - 그거라면 전혀 다른 문제다.

《기적》*Miracles*

우리가 지옥이 싫어서 하나님을 선택한다면 이는 결코 그분을 높이는 행위가 아니다. 그런데 그분은 이것까지도 받아 주신다. 피조물의 착각인 자만심은 피조물 자신을 위해 깨져야 한다. 그래서 하나님은 이 땅의 환난이나 환난에 대한 두려움을 통해, 영원한 불못에 대한 아찔한 두려움을 통해 우리의 자만심을 깨뜨리신다. 자신의 영광이 깎여 나가는 것도 개의치 않으시고 말이다. 나는 이를 '하나님의 겸손'이라 칭한다. 우리가 궁여지책으로 하나님께 항복하는 것은 보잘것없는 일이기 때문이다. 최후의 수단으로 그분께 가서 우리가 더는 지킬 가치도 없는 것을 내드린다면, 어찌 초라하지 않겠는가. 하나님이 교만하다면 그런 우리를 물리치실 것이다. 그러나 그분은 교만하지 않다. 우리를 얻으려고 자신을 낮추신다. 분명히 우리는 그분보다 다른 모든 것을 선호했고, 결국은 더 좋은 게 없어서 그분께 간다. 그런데도 그분은 우리를 받아 주신다.

《고통의 문제》*The Problem of Pain*

이 생명력은 길들여진 신과 같아서 당신이 원할 때만 그것을 가동하면 되고, 당신을 귀찮게 하지도 않는다. 종교의 스릴만 남아 있고 치러야 할 대가는 하나도 없다.
이 생명력이야말로 희망 사항을 현실로 둔갑시킨 사상 최고의 산물이 아니겠는가?

《순전한 기독교》*Mere Christianity*

Aslan's Country Onward Toward Heaven

Part 10

광야를 지나 우리가 갈망하던 본향으로 돌아가다

그 산에 이르러 모든 아름다움의 근원을 찾고픈 그리움이
내 평생 가장 달콤했다. 내가 태어났어야 할 곳, 내 나라를
찾고 싶었다. 본향을 사모하는 이 모든 열망이 과연
무의미할까? 이제 내가 거기로 가는 것처럼 느껴지지 않고
돌아가는 것처럼 느껴지는데도 말이다.
《우리가 얼굴을 찾을 때까지》*Till We Have Faces*

지금은 우리가 그 세계의 바깥에 있고 문의 이편에 있다.
싱그럽고 깨끗한 아침을 느끼면서도 우리까지 싱그럽고
깨끗해지지는 않고, 광채를 보면서도 거기에 섞여 들 수는
없다. 그러나 영영 그렇지는 않으리라는 소문이 신약의 모든
책장마다 수런거린다. 하나님이 허락하시면 장차 우리도
그 안에 들어간다.
《영광의 무게》*The Weight of Glory*

역사를 읽어 보면 현세를 위해 가장 많이 일한
그리스도인일수록 내세를 가장 많이 생각했다. ⋯ 이즈음
그리스도인이 현세에 이토록 무력해진 이유도 다분히 내세를
더는 생각하지 않기 때문이다. 천국에 뜻을 두면 이 땅은
'덤으로' 딸려 오지만, 이 땅에 뜻을 두면 양쪽 다 잃는다.
《순전한 기독교》*Mere Christianity*

내가 너희를 나니아로 데려온 이유가 바로 이거란다. 여기서
잠시 동안 나를 알면 거기서 나를 더 잘 알 수 있거든.
《새벽 출정호의 항해》*The Voyage of the Dawn Treader*

우리 세상에서 보냈던 그들의 삶과 나니아에서의 모든 모험은
책 겉장에 적혀 있는 제목에 지나지 않는다. 이제 그들은
드디어 지구상의 어느 누구도 읽지 못한 위대한 이야기의
첫 장을 펼치는 중이다. 그 이야기는 영원히 계속될 것이며,
새로운 장이 열릴 때마다 이전 장보다 훨씬 더 좋아질 것이다.
《마지막 전투》*The Last Battle*

내 안에 이 세상의 어떤 경험으로도 채워질 수 없는 갈망이
있다면, 이에 대한 가장 개연성 있는 설명은 내가 다른 세상을
위해 창조되었다는 것이다.
《순전한 기독교》*Mere Christianity*

이 모든 장난감은 본래 내 마음의 주인이 아니다. 내게 참으로
유익한 것은 다른 세상에 있으며, 내 진정한 보물은 오직
그리스도뿐이다.
《고통의 문제》*The Problem of Pain*

광야에 이르는 길은 수없이 많지만 본향으로 가는 길은
하나뿐이라네.
《순례자의 귀향》*The Pilgrim's Regress*

그 입구는 낮아서 우리가 들어가려면 아이들 키만 하게 몸을
낮춰야 한다.
《시편 사색》*Reflections on the Psalms*

지옥(또는 심지어 이 땅)을 기어이 붙들고 있으면 천국이
보이지 않지만, 천국을 받아들이면 지옥의 가장 작고 소중한
기념품조차도 간직할 수 없다.
《천국과 지옥의 이혼》*The Great Divorce*

만일 우리가 늘 하루나 한 해가 다시 돌아오기만을 갈구하고
있다면, 어떻게 삶을 견디며 시간을 보낼 수 있겠습니까?
하루하루의 삶이 삶 전체를 기대감과 추억으로 충만하게
한다는 것과 오늘이 바로 그날이라는 것을 우리가 모른다면
말입니다.
《침묵의 행성 밖에서》*Out of the Silent Planet*

자네는 지금 선택의 기로에 서 있네. 양쪽 다 길이 열려 있어.
누구나 영원한 죽음을 선택할 수 있고, 죽음을 선택하는
이들은 그렇게 죽게 되지. 그러나 영원 속으로 곧장 건너뛰려
한다면, 자네는 유한한 인간의 귀에는 응답해 줄 수 없는
것을 구하는 것이라네. 자네가 장차 모든 가능성이 사라지고
실재만 남을 그때의 (자네 표현으로) 만물의 최종 상태를 보려
한다면 말일세. 너무 커서 인간의 눈에는 아예 보이지 않는
무엇이 있는데, 그것을 보려면 시간이라는 렌즈를 통해서만
봐야 해. 그러면 망원경을 거꾸로 돌려서 보듯이 작고
또렷하게 보이지. 그것은 바로 자유라는 선물일세. 자네가
창조주를 가장 닮은 부분이 자유고, 자유 덕분에 자네도
영원한 실재의 일부가 된다네. 그런데 자유는 시간이라는
렌즈를 통해서만 보여. 거꾸로 된 망원경에 작고 또렷하게
잡히는 그 영상 속에 순간의 연속이 담겨 있고,
매 순간 어느 한쪽을 선택하는 자네의 모습이 담겨 있지.
《천국과 지옥의 이혼》*The Great Divorce*

"그러면 끝내 버스에 타지 않는 가련한 유령들은 어떻게
되나요?"
"원하는 사람은 다 탈 테니 두려워할 것 없네. 결국 인간은 두
종류뿐이네. 하나는 하나님께 '주의 뜻이 이루어지이다'라고
고백하는 사람이고, 또 하나는 하나님 쪽에서 결국 '너의
뜻대로 되리라'라고 선고하실 사람일세. 지옥에 있는 사람은
하나같이 지옥을 자원한 거야. 스스로 선택하지 않고는
지옥이란 있을 수 없네."
《천국과 지옥의 이혼》*The Great Divorce*

이 우주에서 이방인 취급을 받는다는 심정과 그래서 인정받고
반응을 얻어 자신과 실재 사이의 큰 괴리에 다리를 놓고 싶은
열망은, 우리가 가진 위로받지 못할 비밀의 일부다. 이런
관점에서 보면, 앞서 우리에게 약속되었다고 말한 영광은
분명히 우리의 깊은 갈망과 밀접한 관계가 있다. 영광이란
하나님과 화목해져서 그분께 받아들여지고 인정받고
반응을 얻어 그분의 집으로 영접된다는 뜻이기 때문이다.
우리가 평생 두드리던 문이 마침내 열리는 것이다.
《영광의 무게》*The Weight of Glory*

절대적 선을 대면하는 일이 재미있을 것처럼 말하는
이들이 있으나 다시 생각해야 한다. 그들은 아직 종교를
만지작거리고만 있을 뿐이다. 당신이 어떻게 반응하느냐에
따라 선은 당신을 안전하게 지켜 줄 수도 있고 큰 위험에
빠뜨릴 수도 있다.

《순전한 기독교》*Mere Christianity*

한때 나는 인간이 천국을 갈망하지 않는다고 생각한 적이
있다. 그러나 지금은 인간이 마음속으로 과연 천국 외에
다른 것을 갈망해 본 적이 있는지 의문이 들 때가 더 많다.
… 천국은 모든 영혼에 찍혀 있는 은밀한 화인이고,
형언하거나 달랠 길 없는 우리의 빈자리다. 우리는 배우자를
만나거나 친구를 사귀거나 직장을 정하기 전부터 천국을
갈망했고, 배우자나 친구나 직장이 뇌리에서 사라질 임종의
순간에도 여전히 천국을 갈망할 것이다.

《고통의 문제》*The Problem of Pain*

"그러면 천국과 지옥이 마음 상태에 불과하다는 이들의 말이
옳은가요?"
"그건 안 될 말일세." 스승은 단호히 말했다. "신성 모독이야.
지옥이 마음 상태라는 말은 지극히 옳다네. 마음 상태를 저
혼자 두면 결국 다 지옥이 되고, 피조물이 자기 생각의 감옥에
갇혀 있어도 결과는 마찬가지야. 그러나 천국은 마음 상태가
아니라 실재 자체일세. 온전히 실재하는 것은 다 천국과
통한다네."
《천국과 지옥의 이혼》*The Great Divorce*

그리스도를 신뢰할수록 당연히 그분의 모든 말씀을 힘써
행해야 한다. 말로는 특정인을 신뢰한다면서 그의 조언을
듣지 않는다면 앞뒤가 맞지 않는다. 마찬가지로 자신을 정말
그리스도께 의탁했다면 당연히 힘써 순종해야 한다. 다만
노력의 방식이 달라지고 걱정이 줄어든다. 이제 구원받기
위한 행위가 아니라 이미 구원해 주신 것에 대한 반응이다.
내가 한 행위의 보상으로 천국에 가기를 바라는 것이 아니라
천국의 첫 빛줄기가 이미 내면에 희미하게 비쳐 들었기에
자연스레 그렇게 행동하고 싶어진다.
《순전한 기독교》*Mere Christianity*

"젊은이." 스승이 말했다. "지금은 자네가 영원을 이해할 수
없다네. … 인간이 오해하는 게 바로 그 부분일세. … 선인의
과거는 점차 변하여, 용서받은 죄와 기억 속의 슬픔마저
천국의 성질을 띤다네. 그러나 악인의 과거는 이미 그의 악을
닮아 온통 음울할 뿐이야. 그래서 … 복된 자들은 '우리는
평생 천국에서만 살았다'고 고백하지만, 구원을 잃은 자들은
'우리는 항상 지옥에 있었다'고 말하게 되지. 양쪽 다 맞는
말이라네."
《천국과 지옥의 이혼》*The Great Divorce*

천국에서는 우리의 전 존재가 기쁨의 샘에서 기쁨을 마신다.
《영광의 무게》*The Weight of Glory*

평생 당신의 의식 바로 저편에 손닿지 않는 희열이 맴돌고
있었다. 그날이 와서 깨어나 보면, 당신은 바랄 수 없는 중에도
그것을 얻었거나 기회가 있었는데도 영영 잃었거나 둘 중
하나일 것이다.

《고통의 문제》*The Problem of Pain*

이곳의 우리는 종교를 몰라요. 우리는 그리스도만
생각한답니다.

《천국과 지옥의 이혼》*The Great Divorce*

이 땅에서 웬만큼 인간다워진 사람도 천국에 들어가면 그보다
더 인간다워진다. 반면에 지옥에 들어간다는 것은 인간성을
박탈당하는 것이다.

《고통의 문제》*The Problem of Pain*

확신하는데, 나중에 천국에 가 보면 우리가 버린 것(오른눈을
빼어 버렸다 해도)은 결코 잃어버린 것이 아니지만, 아무리
불순한 소원으로라도 우리가 정말 구하던 일의 핵심은 그곳의
'높은 곳'에서 뜻밖에도 우리를 기다리고 있을 것이다.
《천국과 지옥의 이혼》*The Great Divorce*, "머리말"

천국에 있는 당신의 자리는 오직 당신만을 위해 지어진
것이다. 장갑이 손에 맞게 한 땀 한 땀 짜였듯이 당신도 그곳에
맞게 만들어졌다.
《고통의 문제》*The Problem of Pain*

하지만 길이 얼마나 멀거나 가까울지는 너희에게 말해 주지
않으마. 그냥 강 건너에 있다고만 알아 두렴. 그래도 두려워할
건 없다. 내가 확실히 다리를 놓아 줄 테니까.
《새벽 출정호의 항해》*The Voyage of the Dawn Treader*

우주를 탐험하여 하나님이나 천국을 찾으려는 것은
셰익스피어의 희곡을 읽거나 보면서 그를 등장인물로
만나기를 바라는 것과도 같다. 그가 태어나고 묻힌
곳인 스트랫퍼드를 작품 속에서 찾으려는 것과도 같다.
셰익스피어는 어떤 의미에서 그의 모든 희곡의 모든 순간
속에 존재한다.

《기독교적 숙고》, "보는 눈" The Seeing Eye', *Christian Reflections*

C. S. 루이스 전작

A Year with C. S. Lewis: 365 Daily Readings from His Classic Works (C. S. 루이스와 함께

하는 한 해: 그의 고전에서 발췌한 365일 독본)

C. S. Lewis Essay Collection: Faith, Christianity and the Church (C. S. 루이스 에세이: 신앙,

기독교, 교회)

George MacDonald《조지 맥도널드 선집》

Mere Christianity《순전한 기독교》

Miracles《기적》

Out of the Silent Planet《침묵의 행성 밖에서》

Perelandra《페렐란드라》

Surprised by Joy《예기치 못한 기쁨》

The Chronicles of Narnia: The Lion, the Witch and the Wardrobe《나니아 연대기: 사

자와 마녀와 옷장》

The Chronicles of Narnia: Prince Caspian《나니아 연대기: 캐스피언 왕자》

The Chronicles of Narnia: The Voyage of the Dawn Treader《나니아 연대기: 새벽 출정 호의 항해》

The Chronicles of Narnia: The Silver Chair《나니아 연대기: 은의자》

The Chronicles of Narnia: The Horse and His Boy《나니아 연대기: 말과 소년》

The Chronicles of Narnia: The Magician's Nephew《나니아 연대기: 마술사의 조카》

The Chronicles of Narnia: The Last Battle《나니아 연대기: 마지막 전투》

The Four Loves《네 가지 사랑》

The Great Divorce《천국과 지옥의 이혼》

That Hideous Strength《그 가공할 힘》

The Pilgrim's Regress《순례자의 귀향》

The Problem of Pain《고통의 문제》

The Screwtape Letters: Letters from a Senior to a Junior Devil《스크루테이프의 편지》

The Space Trilogy (우주 3부작 합본:《침묵의 행성 밖에서》《페렐란드라》《그 가공할 힘》)

The Weight of Glory《영광의 무게》

출전

A Grief Observed (1961년) 《헤아려 본 슬픔》

An Experiment in Criticism (2012년) 《오독: 문학 비평의 실험》

Christian Behaviour (1943년) (그리스도인의 행실)

Christian Reflections (1967년) 《기독교적 숙고》

'Equality' in The Spectator (1943년) (〈스펙테이터〉, "평등")

Essays on Forgiveness (1960년) (용서에 관한 에세이)

God in the Dock: Essays on Theology and Ethics (1970년) 《피고석의 하나님》

Is Theology Poetry? (1944년) (신학은 시인가?)

Letters of C. S. Lewis (2017년) (C. S. 루이스 서한집)

Letters to an American Lady (1967년) 《메리에게 루이스가》

Letters to Malcolm: Chiefly on Prayer (1964년) 《개인 기도》

Mere Christianity: A Revised and Amplified Edition, with a New Introduction, of the Three Books, Broadcast Talks, Christian Behaviour and Beyond Personality (1952년,

1941-1944년의 라디오 강연 내용)《순전한 기독교》

Miracles: A Preliminary Study (1947년, 개정판 1960년)《기적》

'On Living in the Atomic Age' in Present Concerns (2002년)《현안: 시대 논평》, "원자력 시대의 삶에 관하여"

On Stories: and Other Essays on Literature (Walter Hooper 편집, 1966년)《이야기에 관하여: 문학 비평 에세이》

Out of the Silent Planet (1938년)《침묵의 행성 밖에서》

Perelandra (다른 제목: *Voyage to Venus*) (1943년)《페렐란드라》

Poems (2017년) (시집)

Reflections on the Psalms (1958년)《시편 사색》

Spirits in Bondage (1919년) (영혼의 굴레)

Surprised by Joy: The Shape of My Early Life (1955년, 자서전)《예기치 못한 기쁨》

That Hideous Strength (1945년)《그 가공할 힘》

The Abolition of Man (1943년)《인간 폐지》

The Case for Christianity (1942년) (기독교 변증)

The Collected Letters of C. S. Lewis (2005년) (C. S. 루이스 서한집)

The Four Loves (1960년)《네 가지 사랑》

The Great Divorce (1945년)《천국과 지옥의 이혼》

The Horse and His Boy (1954년)《말과 소년》

The Joyful Christian (1984년) (기쁨에 찬 그리스도인)

The Last Battle (1956년) 《마지막 전투》

The Letters of C. S. Lewis to Arthur Greeves (1979년) (아서 그리브즈에게 보낸 C. S. 루이스 서한집)

The Lion, the Witch and the Wardrobe (1950년) 《사자와 마녀와 옷장》

The Magician's Nephew (1955년) 《마술사의 조카》

The Pilgrim's Regress (1933년) 《순례자의 귀향》

The Problem of Pain (1940년) 《고통의 문제》

The Screwtape Letters (1942년) 《스크루테이프의 편지》

The Voyage of the Dawn Treader (1952년) 《새벽 출정호의 항해》

The Weight of Glory and Other Addresses (1980년) (영광의 무게 외)

Till We Have Faces (1956년) 《우리가 얼굴을 찾을 때까지》

Transposition and Other Addresses (1949년) (치환 외)

Yours, Jack: Spiritual Direction from C. S. Lewis (2008년) (당신의 벗, 루이스)